古代文史名著选译丛书

主编 章培恒 安平秋 马樟根

贞观政要选译

修订版

译注 裴汝诚 王义耀
审阅 黄永年

凤凰出版传媒集团 凤凰出版社

图书在版编目（CIP）数据

贞观政要选译 / 裴汝诚，王义耀译注. -- 南京 : 凤凰出版社，2011.5
（古代文史名著选译丛书）
ISBN 978-7-5506-0387-5

Ⅰ. ①贞… Ⅱ. ①裴… ②王… Ⅲ. ①典章制度－中国－唐代 Ⅳ. ①D691.5

中国版本图书馆CIP数据核字(2011)第045850号

书　　名　贞观政要选译
译 注 者　裴汝诚　王义耀
责任编辑　陈晓清
出版发行　凤凰出版传媒集团
凤凰出版社(原江苏古籍出版社)
南京市中央路165号　邮编 210009
发行部电话025-83223462
集团网址　凤凰出版传媒网　http://www.ppm.cn
照　　排　江苏凤凰制版有限公司
印　　刷　江苏新华印刷厂
南京市张王庙88号　邮编 210037
开　　本　960×1304毫米　1/32
印　　张　8.625
字　　数　140千字
版　　次　2011年5月第1版　2011年5月第1次印刷
标准书号　ISBN 978-7-5506-0387-5
定　　价　18.00元
(本书凡印装错误可向承印厂调换，电话:025-85521756)

《古代文史名著选译丛书》编委会

《古代文史名著选译丛书》修订版出版说明

呈献在读者面前的这套《古代文史名著选译丛书》是2011年的修订版。全书共134册，包括了中国从先秦至清末两三千年间的著名典籍。每部典籍都选其精粹(《论语》《老子》则全文收录)，收录原文，加以简明的注释，力求准确地译为现代汉语，并于每一篇之前写有对该文的提示性说明。这是近一个世纪以来，规模最大、收录种类相对齐全、译注质量较高的一套普及传统文化的今译丛书。

这套丛书，原在1992年—1994年由巴蜀书社分三批出齐，印行过万套；不久，又由台湾的出版机构买去海外版权在台湾及海外发行，可见这套丛书当年在两岸受欢迎的程度。时隔17年，丛书编委会决定重新修订，改由江苏凤凰出版集团所属的凤凰出版社出版。

这套丛书是由教育部属下的全国高等院校古籍整理研究工作委员会（简称古委会）于1985年策划的。古委会组织了全国18所大学的古籍整理研究所的所长任编委会编委，由我们三人任主编，在全国范围内选请学有专长的学者承担各书的译注。从1986年—1992年，历时7年完成。当时，编委会制订了严明、可行的体例和细则，译注者按要求完成书稿。每部书稿完成后，都在全国范围内请编委会之外的专门研究这一学术领域的两位专家初审，合格后再请两位编委参照初审意见审改，然后退还原译注者改正。待原译注者改正后，再由编委会集中常务编委和部分编委、相关专家在一地将每部书稿从头至尾审改。这样的集中审稿会一般都在8—15天，7年中开了12次审改会。审改后，三位主编再集中在一起逐一审定，交付出版社。这一工作程序，使得这套丛书的译注质量有了一定的提高。所以，这套丛书，在一定程度上是个人与多人合作的结果。关于这套丛书的编纂始末，我们曾在1992年4月全书交稿后写有一篇文章，这次附在修订版书末，便于读者了解。

这次修订，是交由原译注者自己修改。少数译注者已去世，则书稿一仍其旧。个别译注者已联系不上，也保持原貌。

1992年—1994年出版时，书前有当时古委会主任周林先生写的序。周林先生是这一丛书的发起者。他已于1997年6月去世，至今已14年了。为了尊重历史，也为了纪念他，修订版仍用他的序。

我们三人在1985年—1992年主持这套丛书工作时，年龄大的是从51岁到58岁之间，年龄小的是从44岁到51岁之间，那时尚有精力组织、参与这一工作，今天我们都已年逾古稀。全书修订版出版之际，心情似乎比当年更惴惴不安地期待着读者的评头品足，期待着不要对读者贻误太多。

回想这套丛书，真应该感谢我们的祖先为我们留下了这样深厚、丰富的思想、文化遗产，使我们今天仍然受用无穷。应该感谢这套丛书的全体译注者、审阅者、编委和当年的出版者巴蜀书社、今天的出版者凤凰出版社，是他们的学识、辛勤与真诚使得这套丛书得以面世。

章培恒　马樟根　安平秋

2011年3月15日

序

《古代文史名著选译丛书》与广大读者见面了。这是丛书编委会的同志与众多专家学者通力协作、辛勤耕耘的结果。

中华民族在五千年漫长的岁月里，创造了光辉灿烂的文化，给人类留下了丰富的精神财富。“观今宜鉴古，无古不成今”。今天，以马克思主义的科学理论为指导，整理研究我国古代文化典籍，做到汲取精华，剔除糟粕，古为今用，推陈出新，使人们在正确认识民族历史的同时，得到爱国主义的教育，陶冶道德情操，提高全民族的文化素质，促进社会主义文化的繁荣，使文明古国的历史遗产得以发扬光大，这是我们每个炎黄子孙的责任。而要做到这样，对古籍进行整理与研究是重要的基础工程。但是，整理与研究古籍仅作标点、校勘、注释、辑佚还不够，还要有今译，使老年人、中年人、青年人都愿意去读，都能读懂，以便从中得到教益。

基于以上认识，全国高等院校古籍整理研究工作委员会于1986年5月组成了以章培恒、安平秋、马樟根三位同志为主编的《古代文史名著选译丛书》编委会，确定了以全国十八所大学的古籍整理研究所为主力承担这一看似轻易、实则艰巨的今译任务。在第一次编委会议上，拟定了《凡例》、《编写与审稿要求》、《文稿书写格式》和一百余种书目。以每一种书为十万至十五万字计算，这套丛书大约有一千余万字，应该说是一项大工程。经过一年的努力，完成了第一批三十六部书稿的译注任务。在各研究所的专家与所长把关的基础上，于1987年5月和7月，先后在复旦大学、北京大学召开了部分编委参加的审稿会，通过了二十五部书稿，作为《古代文史名著选译丛书》与广大读者见面的第一批作品。与此同时，在1987年7月6日，邀请了在京的十几位专家教授与编委会十几位编委一起座谈这套丛书与古籍今译的问题。专家们肯定了今译工作的必要性与深远意义，并以他们数十年的教学科研和创作的经验，说明今译是一项难度很大的工作，是培养人才，使之打下坚实基本功的一种有效方法；专家们还对《古代文史名著选译丛书》提出了宝贵的建议，这对当时的审稿工作和保证《丛书》的质量起了很好的作用。

实践证明，古籍的今注不易，今译更难。没有对作品的深入、透彻的研究，没有准确、通俗、生动的语言表达能力，要想做好今译是不可能的。两年多来，全国高等院校古籍整理研究工作委员会在探索古籍的今注、今译的道路上，做了一些工作。这部丛书的出版，是系统今译的开始，说明古籍整理研究工作有了新的进展。更可喜的是，一批中青年学者参加了今注今译工作，为古籍整理增添了新生力量，相信他们会在实践中，在学习中，成长成熟。我希望，这套丛书的编委会和高校各古籍整理研究所要敞开大门，加强同国内外专家学者的联系，征求他们和广大读者的意见，并向有真才实学而又适宜做今译工作的专家学者约稿，以提高古籍译注的水平，使《古代文史名著选译丛书》的第二批、第三批作品的质量更上一层楼。

这是一套以文史为主的大型的古籍名著今译丛书。考虑到普及的需要，考虑到读者对象，就每一种名著而言，除个别是全译外，绝大多数是选译，即对从该名著中精选出来的部分予以译注，译文力求准确、通畅，为广大读者打通文字关，以求能读懂报纸的人都能读懂它。我希望这套丛书能成为中小学教师的语文、历史教学的参考书，成为大专院校学生的课外读物，成为广大文史爱好者的良师益友。由于系统的古籍今译工作还刚刚起步，这套丛书定会有不少缺点、错误，也诚恳地希望读者批评指正。

巴蜀书社要我为这套丛书写序，我欣然接受了。我相信这套丛书不仅会使八十年代的人们受益，还将使子孙后代受益，它将对祖国的繁荣昌盛起到点滴的作用。最后借此机会向曾给予我们支持、帮助的专家学者和巴蜀书社的同志表示衷心的感谢！并殷切地希望台湾同胞、港澳同胞、海外侨胞和我们一同做好祖先留给我们的文化遗产的整理工作，为中华民族灿烂的文化再放异彩而努力！

周　林

1987年10月于北京

目　录

前　言

唐代史家吴兢（670—749）编著的《贞观政要》，是记载唐太宗贞观年间（627—649）君臣讨论治国施政的资料汇编，是一部历来享有盛名的研究唐代，特别是唐初历史的重要典籍。

唐太宗李世民，在位二十三年（626—649），年号“贞观”，是中国历史上一位有才能有作为的皇帝。他的治绩，被历代史家称颂为“贞观之治”。唐太宗和他的“贞观之治”，一直被认为是标准的好皇帝的典型。《贞观政要》从成书时始，历代封建王朝对它非常重视：唐代就已将它收藏于皇家图书馆中，列为宫廷皇子皇孙必读的书籍，唐末宪宗李纯、文宗李昂、宣宗李忱等，都曾把它奉为经典，反复研讨；

此后，宋仁宗赵祯非常欣赏该书所描绘的唐太宗任人以“德行学业为本”；元朝也有皇帝多次提到此书，并请当代儒臣讲解书中内容；明朝规定，皇帝除三、六、九日上朝以外，每天中午都要请侍臣教授《贞观政要》，明宪宗还亲自为刊行此书作序，以示推崇；清朝最享盛名的康熙、乾隆皇帝也十分仰慕“贞观之治”，非常熟悉这部《贞观政要》，乾隆皇帝说：“余尝读其书，想其时，未尝不三复而叹曰：‘贞观之治’盛矣！”这都说明历代帝王都深知这确实是一部治国安邦的好教材，可以从中吸取统治经验，学到统治权谋，用以巩固和维护自己的统治地位。该书不仅在中国极受重视，而且流传海外，如在日本就广为传播，至今保存有多种稀见善本。

《贞观政要》是一部政论性的历史文献，它分类编撰贞观年间唐太宗和身边大臣魏徵、王珪、房玄龄、杜如晦、虞世南、褚遂良、温彦博、刘洎、马周、戴胄、孔颖达、岑文本、姚思廉等四十五人的政论、奏疏以及重大政治措施等，较为全面地反映了太宗君臣论政的主要内容。在今日习见的该书通行本中，都包括十卷四十篇内容，按照君道、政体、任贤、求谏等分类安排，大体包括确定治国方针、接受历代统治中的经验教训、培养封建统治的接班人以及精简机构、选贤任能、谦逊谨慎、尊崇儒术等许多方面的具体材料。

《贞观政要》一书的价值，首先在于它所反映的唐太宗“贞观之治”，在中国历史上有非常重要的地位。唐代的繁荣昌盛，当然是当时人民群众辛勤劳动所创造的成果，但也应该说与贞观年间唐代君臣的励精图治是分不开的。如果比较一下记载有关贞观政事的各种历史文献，不难发现《贞观政要》比之于新、旧《唐书》、《资治通鉴》、《唐会要》、《通典》等有不少地方更为详尽生动，为我们学习和研究唐初的历史提供了许多重要资料。其次，今天保存的明刻本《贞观政要》，附有元至顺四年(1333)临川戈直所作集注，采集唐代柳芳、后晋刘昫、宋代宋祁、孙甫、欧阳修、曾巩、司马光、孙洙、范祖禹、马存、朱黼、张九成、胡寅、吕祖谦、唐仲友、叶适、林之奇、真德秀、陈惇修、尹起莘、程奇等历代二十二家著名大臣和史家、学者对该书的评论，这对于我们了解历代思想的演变和该书的作用和影响也很有好处。再次，该书虽是作为封建统治者“治国安邦”的教材面目出现的，但今天只要正确对待，还能发现它有不少对我们有用的材料。比如贞观年间对于人才的选拔和任用，以魏徵为代表的直言谏诤和唐太宗前阶段那种“兼听则明”、“从善如流”的态度、精兵简政以提高工作效率、提倡节俭以实现国家和民族的繁荣昌盛等方面的思想和资料，都对我们今天有启发作用。

编著这部《贞观政要》的吴兢，生于唐高宗咸亨元年(670)，卒于唐玄宗天宝八年(749)，享年八十岁，是唐代一位以直笔修史著称的史家。他在唐朝的史馆中修了近三十年的“国史”、“实录”，先后参与纂修《则天皇后实录》、《中宗实录》、《睿宗实录》以及多种“国史”，改写了较为简洁的《梁史》、《齐史》、《周史》、《陈史》和《隋史》，但这些史著今天差不多都已不存于世，他存世的主要著作就是这部《贞观政要》。吴兢开始编纂这部书大约在中宗时候，在景龙三年(709)时进呈中宗，成书的具体时间不详。他编著此书的本意是希望中宗学习祖父太宗振作起来也做个好皇帝。到玄宗开元八年(720)后，他又奉当时宰相源乾曜、张嘉贞之命把这部书稍加增改，加进了一些适合当时政治需要的内容。值得一提的是，这位史官吴兢不仅希望当时执政的皇帝都能向唐太宗学习，而且他自己的确也在认真向《贞观政要》里的魏徵等人学，往往来个直言进谏。譬如中宗时相王李旦被诬告，他赶快上书劝谏中宗切莫听信谗言；玄宗刚即位时过于威严，使臣下畏惧，不敢讲话，他上书提出要以太宗为榜样，并举出《贞观政要》中太宗对敢于劝谏的魏徵所作的好评，劝玄宗也应豁达大度，劝他欢迎臣下进谏；开元十三年(725)玄宗从京城长安到泰山去举行所谓的封禅大礼，路上多次跑马打猎，他就对玄宗讲这是危险的事情，玄宗听了就不再那样寻欢作乐了。到第二年六月里刮大风拔起树木、吹倒民房，当时迷信的说法是老天在发出警告，玄宗不得不下诏书让臣下议论政治得失，于是吴兢又上奏疏劝玄宗要摒弃小人，不沉溺游乐，放出多余的宫女，减少用不上的马匹，选拔人才要公平，刑罚要审慎，如此等等。由此可见，这位《贞观政要》的编著者是言行一致地希望再度出现“贞观之治”的，他编这部书的主要目的也就在这里。

我们选译的这本书，是作为全国高等院校古籍整理研究工作委员会组织编写的《古代文史名著选译丛书》中的一种。按照该丛书的凡例，除在卷首撰写“前言”简单介绍作者及该书的主要成就和特色外，并对于全书四十篇的内容，每篇写一段提示，简要说明该篇的背景和思想内容等问题，帮助读者了解全书的主要内容、分类体系和各篇的具体情况。对各篇中的内容，限于篇幅我们只能从中分别择取若干章节来进行今译和注释。这种做法只是一种尝试，希望能对读者提供一些帮助。不当和错误之处还望广大读者不吝教正。

裴汝成　王义耀（华东师范大学古籍研究所）

君道第一篇

《君道》篇列全书首卷之首，基本内容讲为君之道，也可看做全书的总纲。认为有道明君治理国家就能安定兴盛，无道昏君统治天下则必动乱危亡。“社稷安危，国家治乱，在于一人而已”。“有道明君”的典型是唐太宗，“无道昏君”的代表是隋炀帝。书中主要从三个方面讨论为君之道的教训：一是把握创业与守成的关系。创业历险，固然艰难，但创业后要居安思危，安而能惧，这对于君临天下的帝王来说，守业岂不更难？二是正确处理君民关系。明君常思古训：“君，舟也；民，水也。水能载舟，亦能覆舟。”为君不能“竭泽而渔”，逼迫百姓起来造反。

三是正确对待君臣关系。君如头脑，臣如四肢，要密切配合，皇帝应听取臣下意见，兼听则明，且要诱导臣下敢于谏诤，以避免决策错误。全篇五章，今选译三章。

贞观初，太宗谓侍臣曰："为君之道，必须先存百姓，若损百姓以奉其身，犹割股以啖腹①，腹饱而身毙。若安天下，必须先正其身，未有身正而影曲，上治而下乱者。朕每思伤其身者不在外物，皆由嗜欲以成其祸。若耽嗜滋味，玩悦声色，所欲既多，所损亦大，既妨政事，又扰生民。且复出一非理之言，百姓为之解体，怨讟既作②，离叛亦兴。朕每思此，不敢纵逸。"谏议大夫魏徵对曰③："古者圣哲之主，皆亦近取诸身，故能远体诸物。昔楚聘詹何，问其治国之要，詹何对以修身之术。楚王又问治国何如？詹何曰：'未闻身治而国乱者。'陛下所明，实同古义。"

---

① 啖（dàn 淡）：吃。 ② 怨讟（dú 毒）：痛恨而出怨言。
③ 谏议大夫：唐代侍从皇帝、负责进谏的官职。魏徵（580—643）：唐初政治家。详见本书《任贤》。

【翻译】

贞观初年，唐太宗对侍从的大臣们说："做君主的法则，必须首先存活百姓。如果损害百姓来奉养自身，那就好比是割大腿上的肉来填饱肚子，肚子填饱了，人也就死了。如果要想安定天下，必须先端正自身，决不会有身子端正了而影子弯曲，上头治理好了而下边发生动乱的事。我常想能伤身子的并不是身外的东西，而都是由于自身追求耳目口鼻之好才酿成灾祸。如一味讲究吃喝，沉溺于音乐女色，欲望越多，损害也就越大，既妨碍政事，又扰害百姓。如果再说出一些不合事理的话来，就更会弄得人心涣散，怨言四起，众叛亲离。每当我想到这些，就不敢放纵取乐贪图安逸。"谏议大夫魏徵对答说："古代圣明的君主，也都是先就近从自身入手，才能远而推及到一切事物。过去楚庄王聘用詹何，问他治理好国家的要领，詹何却用加强自身修养的方法来回答。楚庄王再问他治理国家该怎么办，詹何说：'没有听到过自身治理好而国家会发生动乱的。'陛下所明白的，实在符合古人的道理。"

贞观二年，太宗问魏徵曰："何谓为明君、暗君？"徵曰："君之所以明者，兼听也；其所以暗者，偏信也。《诗》

云：'先民有言，询于刍荛①。'昔唐、虞之理②，辟四门，明四目，达四聪③。是以圣无不照，故共、鲧之徒④，不能塞也，靖言庸回⑤，不能惑也。秦二世则隐藏其身⑥，捐隔疏贱而偏信赵高⑦，及天下溃叛，不得闻也。梁武帝偏信朱异⑧，而侯景举兵向阙⑨，竟不得知也。隋炀帝偏信虞世基⑩，而诸贼攻城剽邑，亦不得知也。是故人君兼听纳下，则贵臣不得壅蔽，而下情必得上通也。"太宗甚善其言。

① 这句话见于《诗经·大雅·板》。刍荛（chú ráo 锄饶）：刍是草，荛是柴，指割草砍柴的人。这两句是说古人讲过，连刍荛的话都得听取。 ② 唐、虞：唐尧和虞舜，传说中的圣君。 ③ 辟四门，明四目，达四聪：见于《尚书·舜典》。④ 共、鲧（gōng gǔn 工滚）：共工和鲧，传说中尧、舜时代的坏人。 ⑤ 靖言庸回：见于《尚书·尧典》，原是尧指责共工的话，"靖"本作"静"，指平时，庸就是用，回就是违，意思是平时花言巧语，用起来却不行。 ⑥ 秦二世（前230—207），秦始皇少子，名胡亥，即位后号二世皇帝。 ⑦ 赵高：秦宦官，得到秦二世的信用，最后二世反被他所杀。 ⑧ 梁武帝（464—549）：姓萧名衍，南朝萧梁的开国皇帝。 ⑨ 侯景（503—552）：本是东魏的将军，叛归南朝，梁武帝听信朱异的话，重用他，他反而叛梁，使梁武帝被困饿死。 ⑩ 隋炀帝（569—618）：姓杨名广，隋朝的亡国之君。虞世基：隋炀帝的佞臣，和炀帝同时被杀。

【翻译】

贞观二年，唐太宗问魏徵说："什么叫做圣明君主、昏暗君主？"魏徵答道："君主之所以能圣明，是因为能够兼听各方面的话；其所以会昏暗，是因为偏听偏信。《诗经》说：'古人说过这样的话，要向割草砍柴的人征求意见。'过去唐尧、虞舜治理天下，广开四方门路招纳贤才；广开视听，了解各方面的情况，听取各方面的意见。因而圣明的君主能无所不知，因此像共工、鲧这样的坏人不能蒙蔽他，花言巧语也不能迷惑他。秦二世却深居宫中，隔绝贤臣，疏远百姓，偏信赵高，到天下大乱、百姓背叛，他还不知道。梁武帝偏信朱异，到侯景兴兵作乱举兵围攻都城，他竟然不知道。隋炀帝偏信虞世基，到各路反隋兵马攻掠城邑时，他还是不知道。由此可见，君主只有通过多方面听取和采纳臣下的建议，才能使显贵大臣不能蒙上蔽下，这样下情就一定能上达。"太宗很赞赏他讲的话。

贞观十年，太宗谓侍臣曰："帝王之业，草创与守成孰难①？"尚书左仆射房玄龄对曰②："天地草昧③，群雄竞

---

① 守成：保守既成的事业。 ② 尚书左仆射（yè 夜）：在唐代尚书省是最高行政机构，左、右仆射是长官。房玄龄（578—648）：唐初政治家。 ③ 草昧：本指原始蒙昧，这里是国家草创秩序未定的意思。

起，攻破乃降，战胜乃克，由此言之，草创为难。”魏徵对曰：“帝王之起，必承衰乱。覆彼昏狡，百姓乐推，四海归命，天授人与，乃不为难。然既得之后，志趣骄逸，百姓欲静而徭役不休，百姓凋残而侈务不息，国之衰弊，恒由此起。以斯而言，守成则难。”太宗曰：“玄龄昔从我定天下，备尝艰苦，出万死而遇一生，所以见草创之难也。魏徵与我安天下，虑生骄逸之端，必践危亡之地，所以见守成之难也。今草创之难，既已往矣，守成之难者，当思与公等慎之。”

【翻译】

贞观十年时，唐太宗问侍从的大臣：“在帝王的事业中，创业与守业哪件事更艰难？”尚书左仆射房玄龄对答说：“国家开始创业的时候，各地豪杰竞起，你攻破他他才投降，你战胜他他才屈服，这样看来，还是创业艰难。”魏徵对答说：“帝王的兴起，一定是在前朝衰乱的时候，这时推翻昏乱的旧主，百姓就乐于拥戴，四海之内也都会先后归顺，这正是天授人与，如此看来创业并不艰难。然而已经取得天下之后，骄傲放纵，百姓需要休养生息而徭役没有休止，百姓已经穷困凋敝而奢侈的事务还仍然不停，国家的衰败，常常就是这样开始的。这样看来，守业更难。”太宗说：“玄龄当初跟随我平定天下，历尽了艰难困苦，多次死里逃生，所以知道创业的艰难。魏徵替我安定天下，担心出现骄奢淫逸的苗头，陷入危亡的泥坑，所以知道守业的艰难。如今创业的艰难既已过去，守业这一难事就得和诸公一道慎之又慎才是。”

政体第二篇

《政体》篇可看做是《君道》篇的补充，两者构成对“贞观之治”政绩的概要说明。

这一篇所列内容，除补充说明诸如坚守直道、灭私徇公、日慎一日、虽休勿休、正词直谏、裨益政教、惟欲清净、改革旧弊、从谏如流等君臣应当遵守的准则以外，着重说明唐太宗能够实现“贞观之治”，很重要的一点是信用了魏徵及其提出的当行帝道王道的意见，即“圣哲施化，上下同心，人应如响，不疾而速，期月而可，信不为难，三年成功，犹谓其晚”这样一种大胆、坚决、有所作为的主张，驳斥了封德彝等守旧派认为“人渐浇讹，不及纯朴”的错误观点，因而仅在两三年时间里，就达到了“关中丰熟，咸自归乡”，“商旅野次，无复盗贼，囹圄常空，马牛布野，外户不闭”的古昔未有的繁荣景象。唐太宗对出现的“贞观之治”，也认为在很大程度上要归功于魏徵：“惟魏徵劝我，既从其言，不过数载，遂得华夏安宁，远戎宾服”，“朕虽无美质，为公（指魏徵）所切磋，使朕功业至此，公亦足为良工尔。”本篇十四章，这里选译九章。

贞观初，太宗谓萧瑀曰：“朕少好弓矢，自谓能尽其妙。近得良弓十数，以示弓工，乃曰：‘皆非良材也。’朕问其故，工曰：‘木心不正，则脉理皆邪，弓虽刚劲而遣箭不直，非良弓也。’朕始悟焉。朕以弧矢定四方，用弓多矣，而犹不得其理①。况朕有天下之日浅，得为理之意固未及于弓，弓犹失之，而况于理乎？”自是诏京官五品以

① 理：就是治，因为唐高宗名治，纂修《贞观政要》时要避讳，改写为“理”，有些地方作“治”是后人回改的。

上①,更宿中书内省②。每召见,皆赐坐与语,询访外事,务知百姓利害、政教得失焉。

【翻译】

贞观初年,唐太宗对萧瑀说:“我年轻时喜爱弓箭,自以为已能尽知它的奥妙。最近得到十几张好弓,给制弓的工匠看,他却说:‘都不是好材料。’我问其中缘故,工匠说:‘制造弓的木料心子不正,以致纹理都歪斜,做成的弓尽管很刚劲而射出去的箭不直,所以不是好弓。’我这才醒悟。我凭弓箭平定四方,用过的弓算够多的了,还不懂得应怎么整治,何况我君临天下的时间还不长,所懂得治理的方法,本还不如用弓,弓尚且看不准,何况治理天下?”从此就下诏叫京官五品以上,到中书内省轮流值宿,每当召见,都赐坐交谈,询问外边的事情,力求知道哪些对百姓有利哪些有害,政治教化哪些成功哪些不行。

---

① 五品以上:唐代官员分九品,每品又分正、从。宰相只有三品、二品,五品以上已算高级官员。 ② 中书内省:唐代除尚书省是中枢施政机构外,还有中书省和门下省,中书省长官中书令和门下省长官侍中也都是宰相,这两省设在政府各部门集中的皇城里,但在皇城北面皇帝居住的大内里还设有中书内省和门下内省,以便中书令、侍中等较方便地和皇帝商议政事。

贞观元年，太宗谓黄门侍郎王珪曰[①]："中书所出诏敕，颇有意见不同，或兼错失而相正以否[②]。元置中书、门下，本拟相防过误，人之意见，每或不同，有所是非，本为公事。或有护己之短，忌闻其失，有是有非，衔以为怨[③]；或有苟避私隙，相惜颜面，知非政事，遂即施行。难违一官之小情，顿为万人之大弊[④]。此实亡国之政，卿辈特须在意防也。隋日内外庶官，政以依违，而致祸乱，人多不能深思此理。当时皆谓祸不及身，面从背言，不以为患；后至大乱一起，家国俱丧，虽有脱身之人，纵不遭刑戮，皆辛苦仅免，甚为时论所贬黜。卿等特须灭私徇公[⑤]，坚守直道，庶事相启沃，勿上下雷同也。"

【翻译】

贞观元年，唐太宗对黄门侍郎王珪说："中书省所草拟颁发出的文告命令，门下省颇有不同看法，有时还发现错误，有没有指出纠正？本来设置中书省、门下省，原

---

① 黄门侍郎：后改为门下侍郎，门下省的副长官。 ② 中书所出诏敕……相正以否：唐初规定由中书省草拟、颁发皇帝的制策诏令，门下省如认为有问题可批驳纠正。 ③ 衔（xián 咸）：含，藏在心里。 ④ 人：民。本书很多地方的"人"字，本应写作"民"，因为避太宗李世民的讳，改写成"人"字。 ⑤ 徇（xùn 训）：以身相从。

是为了相互防止发生过错失误。人的意见，常有不同，有正确的也有反对的，追根溯源都是为了公事。但有的人对自己护短，不愿听到指出自己的过失，人家有所是非，就阴在心里怨恨；有的为了避免和人家搞坏关系，互相顾惜面子，明明知道不属正常的政事，仍马上施行。这种迁就一个官员的私情，可以立刻成为万民的大害，实在是亡国之政，你们特别需要加意防范。隋朝时候内外大小百官，办理政事没有主见，而酿成祸乱，人们多不能仔细想想其中的道理。当时那些人都以为灾祸不会落到自己身上，当面说好话背后搬弄是非，总认为没有什么；到后来大乱一起，家和国统统丢失，即使有脱身的人，没有遭到刑戮，吃尽苦头仅免一死，还会受到世人的舆论谴责。你们身为大臣特别应该灭除私情，秉公办事，坚守正道，凡事互相启发帮助，不要上下一个腔调。”

贞观二年，太宗问黄门侍郎王珪曰：“近代君臣治国，多劣于前古，何也？”对曰：“古之帝王为政，皆志尚清静，以百姓之心为心。近代则唯损百姓以适其欲，所任用大臣，复非经术之士。汉家宰相，无不精通一经[①]，朝

① 经：指儒家的《诗》、《尚书》、《仪礼》、《周易》、《春秋》等经书。

廷若有疑事，皆引经决定，由是人识礼教，治致太平。近代重武轻儒，或参以法律，儒行既亏，淳风大坏。”太宗深然其言。自此百官中有学业优长、兼识政体者，多进其阶品，累加迁擢焉。

【翻译】

贞观二年，唐太宗问黄门侍郎王珪说：“近代君臣治理国家，多数不如古代，是什么原因？”王珪回答说：“古代帝王施政，都主张清静无为，想百姓之所想。近代的君主则一味损害百姓来满足私欲，而所任用的大臣，又不是懂得经学儒术的人。汉朝的宰相，没有不精通一门经学的，朝廷如遇到疑难问题，都能引用经义来断决，因而人人知道礼仪规范，实现太平盛世。近代重视武备轻视儒术，有时还参用法令刑律，儒家的那套道德规范已被损害，淳朴的社会风气也就被破坏。”太宗对王珪的话很赞同。从此百官中有学业优长并懂得治国的人，常被提高官阶品级，多次加以提升。

贞观三年，太宗谓侍臣曰：“中书、门下，机要之司。擢才而居，委任实重。诏敕如有不稳便，皆须执论。比来惟觉阿旨顺情①，唯唯苟过，遂无一言谏诤者，岂是道理？若惟署诏敕、行文书而已，人谁不堪？何烦简择，以相委付？自今诏敕疑有不稳便，必须执言，无得妄有畏惧，知而寝默②。”

【翻译】

贞观三年，唐太宗对侍从的大臣们说：“中书省、门下省，都是掌管机要的部门，选拔安排有才能的人，寄予的责任实在重大。诏敕如有不妥当，都应该认真提出意见。近来只是迎合旨意，唯唯诺诺马虎通过，就没有一句劝谏的话，这难道是正常现象？如果只在诏敕上签个名、转发一下文书，这事谁不会干？何必劳神费事去挑选人才，以重任托付？从今以后怀疑诏敕有不妥当时，必须认真提出意见，不得妄自畏惧，明知不对而闭口不言。”

贞观五年，太宗谓侍臣曰：“治国与养病无异也。病人觉愈，弥须将护，若有触犯，必至殒命。治国亦然。天下稍安，尤须兢慎，若便骄逸，必至丧败。今天下安危，

① 阿：迎合。 ② 寝：收起，停止。

系之于朕，故日慎一日，虽休勿休[1]。然耳目股肱[2]，寄于卿辈，既义均一体，宜协力同心，事有不安，可极言无隐。倘群臣相疑，不能备尽肝膈，实为国之大害也！”

【翻译】

贞观五年，唐太宗对侍从的大臣们说：“治理国家和养病没有什么不同，病人感觉好起来，就格外需要将息调护，如果触犯禁忌，就会导致死亡。治理国家也是这样，天下稍微安定的时候，尤其需要兢兢业业，谨慎小心，如果就此骄奢放纵，必然弄到衰乱覆亡。如今天下安危，责任都落在我的身上，所以我一天比一天谨慎，即使做好了也不自夸。然而起耳目手足作用的，就寄托于你们了，既然君臣是一个整体，就理当协力同心，发现事情做得不稳妥的，要尽量把意见讲出来，不要有什么保留。倘若君臣互相猜疑，不能讲心里话，实在是国家的大害啊！”

贞观六年，太宗谓侍臣曰：“看古之帝王，有兴有衰，犹朝之有暮，皆为蔽其耳目，不知时政得失，忠正者不

---

① 虽休勿休：见于《尚书·吕刑》，休是美好的意思。

② 股肱（gōng 公）：股指大腿，肱指手臂从肘到腕的部分。

言，邪谄者日进，既不见过，所以至于灭亡。朕既在九重①，不能尽见天下事，故布之卿等，以为朕之耳目。莫以天下无事，四海安宁，便不存意。可爱非君，可畏非民②。天子者，有道则人推而为主，无道则人弃而不用，诚可畏也！”魏徵对曰：“自古失国之主，皆为居安忘危，处治忘乱，所以不能长久。今陛下富有四海，内外清晏，能留心治道，常临深履薄③，国家历数④，自然灵长。臣又闻古语云：‘君，舟也；人，水也。水能载舟，亦能覆舟。’陛下以为可畏，诚如圣旨。”

【翻译】

贞观六年，唐太宗对侍从的大臣们说：“纵观古代的帝王，有的兴起有的衰亡，好像有了早晨就必有夜晚一样。这都是由于耳目受到蒙蔽，不了解当时政治的得失，忠诚正直的人不敢直言劝谏，邪恶谄谀的人却一天

---

① 九重：古人说君门有九重，这里指皇帝所居处的深宫内院。 ② 可爱非君，可畏非民：这两句见于《伪古文尚书·大禹谟》，是伪托舜告诫禹要谨慎从事的话。意思是说：民所爱者不是君吗？君所畏者不是民吗？ ③ 临深履薄：这是用《诗经·小雅·小旻》里的话，原诗是“战战兢兢，如临深渊，如履薄冰”。是特别小心谨慎的意思。 ④ 历数：古人迷信，认为各个朝代的先后继承是命定的，叫做历数。

天得势，君主听不到自己的过失，自然最终灭亡。我既然身居九重深宫，不可能对天下的事情都看到，所以委托列位爱卿，作为我的耳目了解下情。切不可以为天下无事，四海安宁，就不在意。民可爱的是君，君可畏的是民。做天子的，如果有道，人们就推戴他做人主；如果无道，人们就把他废弃而不用。这真可怕啊！”魏徵回答说：“从古以来的失国之君，都是因为在安定的时候忘掉了危亡，在清平的时候忘掉了动乱，所以不能长治久安。如今陛下拥有天下，内外清平安定，能够留心治国的方法，经常保持如临深渊、如履薄冰那样谨慎的姿态，国运自然会长久。我又听古人说过：‘君主是船，百姓是水，水能浮载船，也能把船掀翻。’陛下认为百姓的力量可畏，确实讲得很对。”

贞观六年，太宗谓侍臣曰：“古人云：‘危而不持，颠而不扶，焉用彼相[①]？’君臣之义，得不尽忠匡救乎？朕尝读书，见桀杀关龙逢[②]，汉诛晁错[③]，未尝不废书叹息。公等但能正词直谏，裨益政教，终不以犯颜忤旨，妄有诛

① 危而不持，颠而不扶，焉用彼相：这句话见于《论语·季氏》。 ② 桀杀关龙逢：桀是夏王，为商汤所灭。关龙逢是桀的大夫，因直谏被杀。 ③ 汉诛晁错：晁错在汉景帝时任御史大夫，建议削弱诸侯王而被冤杀。

责。朕比来临朝断决，亦有乖于律令者①。公等以为小事，遂不执言。凡大事皆起于小事，小事不论，大事又将不可救，社稷倾危，莫不由此。隋主残暴，身死匹夫之手，率土苍生，罕闻嗟痛。公等为朕思隋氏灭亡之事，朕为公等思龙逢、晁错之诛，君臣保全，岂不美哉！”

【翻译】

贞观六年，唐太宗对侍从的大臣们说：“古人讲过：‘国家在危急时不去支持，社稷颠覆时又不能去扶助，哪能要这样的人来做宰相？’从君臣大义来讲，臣下能不竭尽忠心匡正补救吗？我常读书，每当看到夏桀杀死关龙逢、汉景帝诛杀晁错时，未尝不抛下书卷叹息。你们只要能义正辞严直言劝谏，使有益于政治教化，我绝不会以冒犯尊严、违背旨意，而滥责罚你们。我近来亲临朝堂处理政事，也有违背法令的，你们却认为是小事，不据理力争。凡大事都是从小事开始，小事不追究，大事就会坏到不可收拾，国家危亡，都是由此而起。隋炀帝残暴，死于匹夫之手，天下百姓，很少听到有人为他痛惜的。你们替我想想隋朝灭亡的事情，我为你们想想关龙

① 律令：法令，分别讲起来律是刑法，令是各方面的规定。唐高祖武德时，已分别制订《律》、《令》，贞观时又有修订。

逢、晁错被杀的教训，君臣之间互相保全，岂不很好！”

贞观七年，太宗与秘书监魏徵从容论自古理政得失①，因曰：“当今大乱之后，造次不可致化。”徵曰：“不然，凡人在危困，则忧死亡。忧死亡，则思化。思化，则易教。然则乱后易教，犹饥人易食也。”太宗曰：“善人为邦百年，然后胜残去杀②。大乱之后，将求致化，宁可造次而望乎？”徵曰：“此据常人，不在圣哲。若圣哲施化，上下同心，人应如响，不疾而速，期月而可，信不为难，三年成功，犹谓其晚。”太宗以为然。封德彝等对曰：“三代以后，人渐浇讹，故秦任法律，汉杂霸道，皆欲化而不能，岂能化而不欲？若信魏徵所说，恐败乱国家。”徵曰：“五帝、三王③，不易人而化。行帝道则帝，行王道则王，在于当时所理，化之而已，考之载籍，可得而知。昔黄帝与蚩尤七十余战，其乱甚矣，既胜之后，便致太平。九黎乱德，颛顼征之，既克之后，不失其化。桀为乱虐，而汤放之，在汤之代，即致太平。纣为无道，武王伐之，成王之

① 秘书监：秘书省的长官，掌管邦国的经籍图书。 ② 善人为邦百年，然后胜残去杀：这句话见于《论语·子路》。 ③ 五帝、三王：五帝通常指古代传说中的黄帝、颛顼（zhuān xū 专虚）、帝喾（kù 酷）、尧、舜；三王指夏、商、周三代创业之主：禹、汤、周文王和周武王。

代，亦致太平。若言人渐浇讹，不及纯朴，至今应悉为鬼魅，宁可复得而教化耶？”德彝等无以难之，然咸以为不可。太宗每力行不倦，数年间，海内康宁，突厥破灭①，因谓群臣曰：“贞观初，人皆异论，云当今必不可行帝道、王道，惟魏徵劝我。既从其言，不过数载，遂得华夏安宁②，远戎宾服。突厥自古以来，常为中国勍敌③，今酋长并带刀宿卫，部落皆袭衣冠。使我遂至于此，皆魏徵之力也。”顾谓徵曰：“玉虽有美质，在于石间，不值良工琢磨，与瓦砾不别。若遇良工，即为万代之宝。朕虽无美质，为公所切嗟，劳公约朕以仁义，弘朕以道德，使朕功业至此，公亦足为良工尔。”

【翻译】

贞观七年，唐太宗和秘书监魏徵漫谈自古以来治理国家的得失，就说：“如今大乱之后，不能急于实现大治。”魏徵说：“不对。大凡人在危难困苦的时候，就忧虑死亡，忧虑死亡就盼望天下太平；盼望天下太平，就容易进行教化。因此大动乱之后容易教化，正像饥饿的人对

---

① 突厥：南北朝后期兴起于北方的少数民族，隋时已分为东突厥和西突厥。贞观四年(630)唐征服东突厥。 ② 华夏：这里指汉族居住的中原地区。 ③ 中国：这里仅指以汉族为主的政权。

饮食容易满足。”太宗说：“贤明的人治理好国家需要百年之久，才能消灭残虐，废除杀戮。大乱之后，要想大治，怎可在短期内做到呢？”魏徵说：“这话是对一般人说的，并不能用在圣明的人身上。如果圣明的人来施行教化，上下同心，人们就会像回声那样迅速响应，事情不求快也会很快推行，做到一年工夫就见成效，看来并非难事，三年成功，还该说太晚了。”太宗认为魏徵说得对。封德彝等人对太宗说：“夏、商、周三代以后，百姓日渐浮薄奸诈，所以秦朝专用法律治国，汉朝以仁义杂用刑法治国，都是想教化好百姓，但没有成功，怎么会可以教化而不去做呢？如果相信了魏徵的话，恐怕要败乱国家。”魏徵说：“五帝、三王治国并没有把百姓掉换过就能把他们教化好，施行帝道就成其为帝，施行王道就成其为王，关键在于当时治理者施行教化而已。这请看古书上的记载，就可以知道。从前黄帝与蚩尤作战七十多次，乱得已很厉害，而打胜以后，就能很快太平起来。九黎作乱，颛顼出兵征讨，平定以后，仍不失其为治世。夏桀昏乱淫虐，商汤把他赶走，在汤统治之时就实现了太平。商纣专干无道的事情，周武王便起兵讨伐，到他儿子周成王在位时，也实现了太平。如果说百姓日渐浮薄奸诈，再也不会纯朴，那到现在都应变得和鬼魅一样，还能施行教化吗？”封德彝等人想不出什么话来辩驳，可是还认为魏徵的话行不通。太宗坚持推行教化，毫不懈怠，几年之间，天下安康宁靖，突厥被打败臣服，因而对群臣说："贞观初年，人们颇有异议，认为当今必不能搞帝道、王道，只有魏徵劝我推行。我听了他的话，不过几年，就做到中原安宁、边远的外族臣服。突厥从来就是中原的强敌，如今突厥的首领却佩刀值宿禁卫，部落也跟着穿戴中国衣冠。使我取得这样的成就，都是魏徵的功劳。"又回头对魏徵说："玉虽有美好的本质，但藏在石头里，没有好的工匠去雕琢研磨，那就和瓦块碎石没有区别。如果遇上好的工匠，就可以成为流传万代的珍宝。我虽没有好的本质被你雕琢研磨，多亏你用仁义来约束我，用道德来光大我，使我能有今天这样的功业，你也确实是一个良好的工匠啊。"

贞观九年，太宗谓侍臣曰："往昔初平京师①，宫中美女珍玩，无院不满。炀帝意犹不足，征求无已，兼东西征讨，穷兵黩武，百姓不堪，遂致亡灭。此皆朕所目见。故夙夜孜孜②，惟欲清净，使天下无事，遂得徭役不兴，年谷丰稔，百姓安乐。夫治国犹如栽树，本根不摇③，则枝叶

---

① 京师：京城，这里指隋朝东都洛阳。 ② 夙（sù 速）夜：夙是早，夙夜就是早晚。 ③ 本：树干。根：树根。

茂荣。君能清净，百姓何得不安乐乎？”

【翻译】

贞观九年，唐太宗对侍从的大臣们说：“当年刚刚平定隋都京师，宫中的美女、奇珍宝玩，没有一个宫院不是满满的。可隋炀帝还是不满足，横征暴敛搜求不止，加上东征西讨，穷兵黩武，弄得百姓无法忍受，这就导致了隋朝灭亡。这些都是我亲眼见到的。因此我每天从早到晚辛勤努力，毫无厌倦，只求清净无为，使天下不生事端，从而做到徭役停罢，五谷丰登，百姓安居乐业。治国好比种树，只要树根稳固不动摇，就能枝繁叶茂。君主能够实行清净无为，百姓怎会不安居乐业呢？”

任贤第三篇

第二卷包括《任贤》、《求谏》、《纳谏》三篇，都是围绕“任人唯贤”这个主题进行的讨论。唐太宗一再强调“为政之要，惟在得人”，“致安之本，惟在得人”。所谓“贞观之治”，从某种意义上说，就是任贤致治。

《任贤》篇包含八章，分别介绍了唐太宗最为信用的八贤：房玄龄、杜如晦、魏徵、王珪、李靖、虞世南、李勣、马周。他们有的是秦王府中的府属旧人，有的是来自敌对营垒的谋臣，有的出将入相，有的出身低微，有文有武，职位有高有低，从政有长有短，而共同点都是贞观功臣，在那个时代作出过重要贡献。我们可以从中看到贞观任贤政治的一斑。虽然贞观名臣不止这八人，后来凌烟阁画图绘像的功臣就有二十四人，但在吴兢看来，最能反映当时任贤特点而贡献最大的要数这八人。今选译其中三章。

魏徵，钜鹿人也①，近徙家相州之内黄②。武德末，为太子洗马③，见太宗与隐太子阴相倾夺，每劝建成早为之谋。太宗既诛隐太子④，召徵责之曰："汝离间我兄弟，何也？"众皆为之危惧。徵慷慨自若，从容对曰："皇太子若从臣言，必无今日之祸。"太宗为之敛容，厚加礼异，擢拜谏议大夫。数引之卧内，访以政术。徵雅有经国之才，性又抗直，无所屈挠。太宗每与之言，未尝不悦。徵亦喜逢知己之主，竭其力用。又劳之曰："卿所谏前后二百余事，皆称朕意。非卿忠诚奉国，何能若是？"三年，累迁秘书监，参预朝政⑤。深谋远算，多所弘益。太宗尝谓

① 钜鹿：今河北巨鹿。 ② 相州：治所在今河南安阳。内黄：今河南内黄。 ③ 太子洗马：唐太子东宫的官员。 ④ 隐太子：高祖的长子、太宗的长兄李建成。玄武门政变中被杀，太宗即位后追封为息王，谥曰隐。 ⑤ 参预朝政：指行使宰相职权。

曰:“卿罪重于中钩,我任卿逾于管仲①,近代君臣相得,宁有似我于卿者乎?”六年,太宗幸九成宫,宴近臣。长孙无忌曰②:“王珪、魏徵,往事息隐,臣见之若仇,不谓今者又同此宴。”太宗曰:“魏徵往者实我所仇,但其尽心所事,有足嘉者。朕能擢而用之,何惭古烈?徵每犯颜切谏,不许我为非,我所以重之也。”徵再拜曰:“陛下导臣使言,臣所以敢言。若陛下不受臣言,臣亦何敢犯龙鳞、触忌讳也③。”太宗大悦,各赐钱十五万。七年,代王珪为侍中,累封郑国公。寻以疾乞辞所职,请为散官④。太宗曰:“朕拔卿于仇虏之中,任卿以枢要之职⑤,见朕之非,未尝不谏。公独不见金之在矿,何足贵哉?良冶锻而为器,便为人所宝。朕方自比于金,以卿为良工。虽有疾,未为衰老,岂得便尔耶!”徵乃止。后复固辞,听解侍中,授以特进⑥,仍知门下省事。十二年,太宗以诞皇孙,诏

---

① 管仲(?—前645):春秋时齐国人,原先帮助齐桓公的政敌公子纠,在战斗中射中齐桓公的带钩。公子纠失败,齐桓公不计前仇,重用他。他也尽心辅佐齐桓公,使齐桓公成为霸主。 ② 长孙无忌(?—659):太宗长孙皇后之兄,帮助太宗发动玄武门之变,以皇亲元勋而任宰相。 ③ 犯龙鳞:指直谏。《史记·韩非列传》里的典故,说龙的喉下径寸有逆鳞,触犯了逆鳞龙必杀人。 ④ 散官:当时官制中有一类仅有官阶而无具体职务的荣誉虚衔,叫散官。 ⑤ 枢要:枢是中枢,要是机要,指宰相。 ⑥ 特进:二品散官。

宴公卿，帝极欢，谓侍臣曰："贞观以前，从我平定天下，周旋艰险，玄龄之功无所与让。贞观之后，尽心于我，献纳忠谠，安国利人，成我今日功业，为天下所称者，惟魏徵而已。古之名臣，何以加也。"于是亲解佩刀以赐二人。庶人承乾在春宫①，不修德业；魏王泰宠爱日隆②，内外庶寮③，咸有疑议。太宗闻而恶之，谓侍臣曰："当今朝臣，忠謇无如魏徵④，我遣傅皇太子，用绝天下之望。"十七年，遂授太子太师⑤，知门下事如故。徵自陈有疾，太宗谓曰："太子，宗社之本，须有师傅，故选中正，以为辅弼。知公疹病⑥，可卧护之。"徵乃就职。寻遇疾。徵宅内先无正堂，太宗时欲营小殿，乃辍其材为造，五日而就。遣中使赐以布被素褥⑦，遂其所尚。后数日，薨⑧。

① 庶人承乾：太宗的太子李承乾，因罪被废为庶人。庶人即平民百姓。春宫：即太子所住的东宫。 ② 魏王泰：太宗第四子李泰，封魏王，后阴谋争当太子，未成被贬。 ③ 庶寮（liáo 辽）：庶，众多。寮，通"僚"，同官为僚。 ④ 忠謇（qiān 谦）：忠诚正直。 ⑤ 太子太师：辅导皇太子的最高级官员。 ⑥ 疹（chèn 趁）：病。 ⑦ 中使：宫中派出的使者，都由宦官充任。 ⑧ 薨（hōng 轰）：古代侯王死叫做"薨"。唐代二品以上的官员死也叫"薨"。

太宗亲临恸哭，赠司空[1]，谥曰文贞[2]。太宗亲为制碑文，复自书于石。特赐其家食实封九百户[3]。太宗后尝谓侍臣曰："夫以铜为镜，可以正衣冠；以古为镜，可以知兴替；以人为镜，可以明得失。朕常保此三镜，以防己过。今魏徵殂逝[4]，遂亡一镜矣！"因泣下久之。乃诏曰："昔惟魏徵，每显予过。自其逝也，虽过莫彰。朕岂独有非于往时，而皆是于兹日？故亦庶僚苟顺，难触龙鳞者欤！所以虚己外求，披迷内省。言而不用，朕所甘心。用而不言，谁之责也？自斯已后，各悉乃诚，若有是非，直言无隐。"

【翻译】

魏徵，钜鹿人，前不久迁居到相州的内黄。武德末年，做太子洗马。当他看到太宗同隐太子李建成暗中倾轧争夺，常劝建成早做打算。太宗杀了隐太子后，把魏徵叫来责问说："你为什么要离间我们兄弟？"当时大家

---

① 赠：大官死后追加一个更高的官职叫赠某某。司空：当时正一品的高官。 ② 谥（shì 试）：古代帝王、贵族、大官或有其他地位的人死后被加的带有褒贬意义的称号，又叫谥号。 ③ 食实封九百户：唐代对有功之臣赐实封，实封九百户，就是把这九百户的租税都给被封者享用。 ④ 殂（cú 粗阳平声）：死亡，一般用来指帝王或贵族大官的死亡。

都替魏徵担惊受怕，魏徵慷慨自若，不慌不忙地回答说："皇太子如果听了我的话，肯定不会有今天的杀身之祸。"太宗听了这话肃然起敬，对他分外敬重，提升他为谏议大夫，多次把他请进卧室，向他请教治理国家的办法。魏徵本有治国的才能，性情刚直不阿，决不随便放弃自己的主张。太宗每次和他交谈，从来没有不高兴的。魏徵欣幸遇到了赏识自己的主子，竭尽才力来效劳。太宗又安慰他说："你以前直言劝谏前后二百多件事，都称我的心意，不是你忠心为国，怎能如此？"贞观三年，魏徵几次升迁做上秘书监，参预朝政，深谋远虑，起了很好的作用。太宗曾对他说："论你的罪过比当年管仲射中齐桓公的带钩还要严重，而我对你的信任却超过了齐桓公对管仲的信任，近代君臣之间融洽相处，难道还有谁像我对你这样的吗？"贞观六年，唐太宗驾幸九成宫，设宴招待亲近的大臣，长孙无忌说："王珪、魏徵，过去侍奉隐太子，我见到他们就像见到仇敌一样，想不到今天能在一起参加宴会。"太宗说："魏徵过去确实是我的仇敌，但他能为侍奉的主子尽心出力，这是很值得称道的。我能够提拔重用他，自比古人应无愧色！魏徵常常不顾情面恳切劝谏，不许我做错事，我所以器重他。"魏徵再拜说："陛下引导我提意见，我才敢提意见。如果陛下不接受我的意见，我又怎么敢去犯龙鳞、触忌讳。"

太宗大为高兴，向每人赏赐十五万钱。贞观七年，魏徵替代王珪任侍中，加封到郑国公。不久因病请求辞去所任的官职，只做个闲职散官。太宗说："我把你从仇敌中选拔出来，委任你以中枢机要的职务，你看到我不对的地方，从没有不劝谏的。你难道没看到黄金埋在矿里，有什么可贵的呢？若遇上高明的冶金工匠把它锻炼成器物，就会被人们当做宝贝。因此我把自己比做黄金，把你当做高明的冶炼工匠。你虽然有病，但还不算衰老，怎能就想辞职呢？"魏徵听了只好作罢。后来又坚决要辞职，太宗同意解除他侍中的职务，任为特进，仍旧管门下省政事。贞观十二年，太宗因为皇孙诞生，下诏宴请公卿大臣，太宗在酒席间极其高兴，对大臣们说："贞观以前，跟我平定天下，转战于艰险危难之间，房玄龄的功劳之大是没有人能比得上的。自贞观以来，对我竭尽心力，进献忠直之言，安定国家，造福百姓，成就我今天的功业，被天下人所称道的人，就只能推魏徵了。即使古代的名臣，也不过如此罢了！"于是亲自解下佩刀赐给他们二人。庶人承乾在东宫做太子时，不讲品德不干好事，魏王泰越来越得到宠爱，内外百官对承乾是否还能做太子都有疑议。太宗听到后很厌恶，对侍从的大臣们说："当今朝臣之中，讲忠正没有比得上魏徵的，我派他做皇太子的师傅，用来断绝天下人的想法。"贞观十七年，就任命魏徵做太子太师，仍旧管门下省的政事。魏徵陈述自己有病，太宗对他说："太子是宗庙社稷的根本，一定要有好的师傅，所以挑选你这样中正无私之臣，作为太子的辅弼。我知道你有病，不妨躺在床上来教导太子。"魏徵只得就职。不久魏徵得了重病，他家里原先没有正厅，太宗当时本想给自己建造一座小殿，就停下工来把材料给魏徵造正厅，五天完工。又派宫中的使者赐给他布被和素色的垫褥，以顺从他的爱好。过了几天，魏徵去世，太宗亲自到他的灵柩前痛哭，追赠他为司空，赐谥号文贞。太宗亲自给他撰写碑文，还亲笔书写在石碑上。又特赐给他家食实封九百户。太宗后来常对身边的大臣们说："用铜作镜子，可以端正衣冠；用历史作镜子，可以知道历代兴衰更替；用人作镜子，可以明白自己的得失。我常常保有这三面镜子，用来防止自己犯过错。如今魏徵去世，就失掉一面镜子了！"因而哭了很久。于是下诏说："过去只有魏徵，经常指责我的过错。自从他去世后，我虽有过错也没人公开指出。难道我只在过去有错误，而今天全是正确吗？恐怕还是百官苟且顺从，不敢来触龙鳞吧！所以我再次虚心征求意见，以便清醒头脑进行反省，你们直言劝谏了而我不采用，我愿承担责任。我需要采纳忠言而大家又不说，这个责任谁来承担？从今以后，大家都得竭尽忠诚，我如有对或不对的言行，你们要直言劝谏不要保留隐瞒。"

李勣[①]，曹州离狐人也[②]。本姓徐，初仕李密[③]，为左武侯大将军[④]。密后为王世充所破[⑤]，拥众归国，勣犹据密旧境十郡之地[⑥]。武德二年，谓长史郭孝恪曰[⑦]："魏公既归大唐，今此人众土地，魏公所有也。吾若上表献之，则是利主之败，自为己功，以邀富贵，是吾所耻。今宜具录州县及军人户口，总启魏公，听公自献，此则魏公之功也，不亦可乎?"乃遣使启密。使人初至，高祖闻无表，惟有启与密，甚怪之。使者以勣意闻奏，高祖方大喜

---

① 李勣(594—669)：本姓徐，名世勣(勣，同"绩")，字茂功，归唐后赐姓李，高宗即位后又因世字犯太宗名讳，改名勣。② 曹州：治所在今山东曹县西北。离狐：今山东东明境内。③ 李密(582—618)：隋贵族，曾支持贵族杨玄感起兵反隋；失败后投奔瓦岗农民军，成为领袖并被推为魏公。④ 左武侯大将军：隋末唐初的左、右武侯大将军是武官中地位显赫的要职，以后改为左、右金吾大将军，只负责京城治安工作。⑤ 王世充(？—621)：本姓支，祖籍西域，炀帝被杀后他割据东都洛阳，打败瓦岗军，自称皇帝，国号郑，后为李世民消灭。⑥ 郡：隋炀帝改州为郡，唐又改郡为州。⑦ 长史：西汉到隋唐中央宰相级的大官和地方州郡长官手下都有长史，是有权力的首席辅佐官员。

曰："徐勣感德推功，实纯臣也①。"拜黎州总管②，赐姓李氏，附属籍于宗正③。封其父盖为济阴王，固辞王爵，乃封舒国公，授散骑常侍④。寻加勣右武侯大将军。及李密反叛伏诛，勣发丧行服，备君臣之礼，表请收葬。高祖遂归其尸。于是大具威仪⑤，三军缟素⑥，葬于黎阳山。礼成，释服而散，朝野义之。寻为窦建德所攻⑦，陷于建德，又自拔归京师。从太宗征王世充、窦建德，平之。贞观元年，拜并州都督⑧，令行禁止⑨，号为称职，突厥甚加畏惮。太宗谓侍臣曰："隋炀帝不解精选贤良，镇抚边境，惟远筑长城，广屯将士，以备突厥，而情识之惑，以至于此。朕今委任李勣于并州，遂得突厥畏威远遁，塞垣安静，岂不胜数千里长城耶？"其后并州改置大都督府，又以勣为长史，累封英国公。在并州凡十六年。召拜兵

---

① 纯臣：忠心事主，毫无个人打算的叫纯臣。 ② 黎州：治所黎阳，在今河南浚县东。总管：是州的军事长官，也兼管民政，地位在刺史之上，后改称都督。 ③ 宗正：宗正寺，管理皇族的机构。 ④ 散骑常侍：一种显贵而无实权的官职，名义上是皇帝身边备顾问，并可随时对皇帝进行劝谏。 ⑤ 威仪：这里指仪仗。 ⑥ 缟(gǎo 搞)素：缟是未经杂色的绢，缟素是指白色的丧服。 ⑦ 窦建德(573—621)：隋末农民军领袖，据有今河北一带，国号夏，后来为李世民擒获，被杀。 ⑧ 并州：治所在今山西太原。 ⑨ 令行禁止：发出命令下面立即执行，颁布禁令下面立即停止。

部尚书①，兼知政事②。勣时遇暴疾，验方云须灰可以疗云，太宗自剪须为其和药。勣顿首见血，泣以陈谢。太宗曰："吾为社稷计耳，不烦深谢。"十七年，高宗居春宫，转太子詹事③，加特进，仍知政事。太宗又尝宴，顾勣曰："朕将属以孤幼，思之无越卿者。公往不遗于李密，今岂负于朕哉！"勣雪涕致辞④，因噬指流血⑤，俄沉醉，御服覆之，其见委信如此。勣每行军，用师筹算，临敌应变，动合事机。自贞观以来，讨击突厥颉利及薛延陀、高丽等⑥，并大破之。太宗尝曰："李靖、李勣二人⑦，古之韩、白、卫、霍岂能及也⑧！"

【翻译】

李勣，曹州离狐人，本姓徐，起初在李密部下做左武侯大将军。李密后来被王世充打败，带领兵众去

---

① 兵部尚书：尚书省下设吏、户、礼、兵、刑、工六部，部的长官叫某部尚书，副长官叫某部侍郎，兵部是主管军事的。 ② 知政事：过问国家大政，实际上就是宰相。 ③ 太子詹事：太子东宫里的首席官员，仅次于太子太师、太子太傅、太子太保等师傅。 ④ 雪：擦拭。 ⑤ 噬(shì 逝)：咬。 ⑥ 薛延陀：北方的少数民族，贞观中为李勣所灭。 ⑦ 李靖(576—642)：和李勣齐名的关中名将，平定长江流域，并和李勣一起平定东突厥、吐谷浑。 ⑧ 韩、白、卫、霍：汉高祖时大将韩信，秦的大将白起，汉武帝的大将卫青、霍去病，向来都被称为名将。

归降唐朝。李勣仍据有李密原来控制的十个郡。武德二年，李勣对长史郭孝恪说："魏公李密既已经归顺大唐，这些郡的人众土地，本是魏公所有，我如果上表献给大唐，那就是乐于主子的失败，来自己居功，以谋求富贵，我感到可耻。现在应该完整地登录州县名称和军人户口，一并报送魏公，由魏公自己来献给朝廷，这就是魏公的功劳了，不是很好吗？"于是派使者报送李密。使者刚到长安，唐高祖听说没有表奏，只有报告给李密，感到十分奇怪。使者把李勣的用意奏报，高祖才很高兴地说："徐勣感故主之德，给故主推功，真是纯臣啊！"任命他做黎州总管，赐姓李氏，把户籍登入宗正寺，封他的父亲李盖为济阴王，李盖坚决辞谢王爵，就改封舒国公，授予散骑常侍的官职。不久加授李勣为右武侯大将军。到李密反叛被诛，李勣为他发丧并穿上丧服，具备君臣的礼节，上表请求收葬。高祖就把李密的遗体交给他。于是他大规模地整备了仪仗，全军都穿上白色的丧服，将李密安葬在黎阳山。葬礼完毕，才脱去丧服解散，朝廷上下都认为李勣真讲道义。不久，受到窦建德的攻击，李勣被俘，又逃出来回到京师，跟随太宗征讨王世充、窦建德，把他们打败。贞观元年，李勣被任命为并州都督，有令则行有禁则止，大家都说他称职，突厥对他十分畏惧。太宗对侍从的大臣们说:“隋炀帝不懂得精选贤良、镇抚边境,只去远筑长城,派大批将士屯驻,来防范突厥,见识糊涂,竟到了这种地步。我如今委任李勣镇守并州,就使得突厥畏威远逃,边塞城垣安宁,岂不胜过几千里的长城吗?”后来并州改设大都督府,又任命李勣为长史,加封到英国公。他在并州镇守了十六年,召回任命为兵部尚书,兼知政事。李勣有次突然重病,验方上说用胡须烧的灰可以治好,太宗亲自剪下自己的胡须给他和药。李勣叩头出血,哭着谢恩。太宗说:“我这是为社稷打算,不用感谢。”贞观十七年,高宗还在东宫时,调任李勣为太子詹事,加特进,仍旧知政事。太宗又曾设宴,宴席上,太宗回头对李勣说:“我想托付年幼的太子,考虑下来没有再比你合适的人选。你过去能不忘李密,如今怎会做对不起我的事情!”李勣擦着眼泪回话,把自己的手指咬出血来。不一会李勣喝得大醉,太宗把御服盖在他身上。他就是这样地被委任信用。李勣每次行军作战,用兵筹划,临敌应变,都能做得很确当。从贞观以来,李勣奉令讨伐突厥颉利可汗和薛延陀、高丽等,都把他们打得大败而逃。太宗曾说:“李靖、李勣二人,古代的名将韩信、白起、卫青、霍去病岂能比得上啊!”

马周，博州茌平人也①。贞观五年，至京师，舍于中郎将常何之家②，时太宗令百官上书言得失，周为何陈便宜二十余事③，令奏之，事皆合旨。太宗怪其能，问何，何对曰："此非臣所发意，乃臣家客马周也。"太宗即日召之，未至间，凡四度遣使催促。及谒见，与语甚悦。令直门下省，授监察御史④，累除中书舍人⑤。周有机辩，能敷奏，深识事端，故动无不中。太宗尝曰："我于马周，暂时不见，则便思之。"十八年，历迁中书令，兼太子左庶子⑥。周既职兼两宫，处事平允，甚获当时之誉。又以本官摄吏部尚书⑦。太宗尝谓侍臣曰："周见事敏速，性甚慎至。至于论量人物，直道而言，朕比任使之，多称朕意。既写忠诚，亲附于朕，实藉此人共康时政也。"

【翻译】

马周，博州茌平人。贞观五年，他到京师长安，住在

① 博州：治所在今山东聊城。茌（chí 迟）平：今山东茌平。② 中郎将：正四品下阶的武官。常何：史无传。③ 便宜：便于公，利于民。④ 监察御史：御史台有侍御史、殿中侍御史、监察御史，担任纠察工作。⑤ 中书舍人：是中书省的属官，掌管诏令、章奏及侍从等工作。⑥ 太子左庶子：东宫的重要官职。⑦ 吏部：六部之一，主管官员升迁调动考核任免等事。

中郎将常何家里。当时唐太宗要百官上书讲政事得失，马周替常何陈述了有利于国家百姓的二十多件事情，让常何上奏朝廷，事事都很合太宗心意。太宗奇怪常何会有这样的才能，便问常何，常何回答说："这些并不是我想出来的，而是我家里的一位宾客叫马周的人代我写的。"太宗当天就要召见马周，马周还没有赶到，便四次派使者催促。到谒见时，太宗同他谈得很高兴。叫把他安置在门下省，授予监察御史的官职，后来升迁到中书舍人。马周机敏善辩，长于陈奏，对事情了解得很清楚，所以讲的话都符合实际。太宗曾说："我对马周只要一刻不见面，就很想念他。"贞观十八年，马周一直升迁到中书令，兼任太子左庶子，身兼朝廷和东宫的官职。他处理事情公平允当，很为当时人赞誉。后来又兼代吏部尚书职务。太宗曾对侍从的大臣说："马周看问题敏捷，办事慎重周到。至于评论人物，能秉公直言，我近来任用他所推荐的人，多数都能合我的心意。他既然竭尽忠诚，亲近依附于我，我定要依靠他来共同地把政事办好。"

求谏第四篇

《求谏》篇计十一章，这里选择其中九章。求谏是鼓励臣下提意见，可以算是唐太宗用人思想的精华。贞观年间，特别是贞观之初，恐人不言，导之使谏，这一兼听纳下的思想和行动，造成了谏诤蔚然成风、君臣共商国事的良好风气，是“贞观之治”中最引人瞩目的重要方面。唐太宗也因而成为一个从谏如流、雄才大略的封建帝王，一个中华民族历史上屈指可数的杰出政治家。唐太宗宣称：“君暗臣谀，危亡不远；朕今志在君臣上下，各尽至公，共相切磋，以成治道。公等各宜务尽忠说，匡救朕恶，终不以直言忤意，辄相责怒。”贞观第一位谏臣魏徵也说：

"陛下导臣使言，臣所以敢言。若陛下不受臣言，臣亦何敢犯龙颜、触忌讳也。"这对于一个封建帝王确实是难能可贵的。唐太宗能够做到求谏，是有他在认识论、君臣论等方面较为深刻的政治思想基础的，因而能从制度上保证广开言路，采取一些重要措施，如健全封驳制度、反对盲目顺旨施行、重视谏官作用，特别是诏令宰相入阁商议军国大事时，必须使谏官随入列席，以便他们对军国大政充分发表意见。

太宗威容俨肃①，百僚进见者，皆失其举措。太宗知其若此，每见人奏事，必假颜色，冀闻谏诤，知政教得失。贞观初，尝谓公卿曰："人欲自照，必须明镜；主欲知过，必藉忠臣。主若自贤，臣不匡正，欲不危败，岂可得乎？故君失其国，臣亦不能独全其家。至于隋炀帝暴虐，臣下钳口②，卒令不闻其过，遂至灭亡，虞世基等，寻亦诛死。前事不远，公等每看事有不利于人，必须极言规谏。"

① 俨肃：即严肃。 ② 钳（qián 前）口：把嘴闭起来，不敢讲话。

【翻译】

唐太宗容貌威武严肃，百官中进见的人，见到他都会紧张得举止失常不知所措。太宗知道这情况后，每当见到有人奏事时，总是装出和颜悦色的样子，希望能够听到谏诤，知道政治教化的得失。贞观初年，太宗曾对公卿们说："人要照见自己，一定要有明镜；一国之主要想知道自己的过失，一定要借助于忠臣。君主假如自以为圣明，臣下又不去纠正，要想国家不倾危败亡，能办到吗？由此，君主失掉他的国，臣下也不能独自保全他的家。至于像隋炀帝残暴淫虐，臣下都把嘴闭起来不讲话，终于听不到自己的过失，导致灭亡，虞世基等人，不久也被诛杀。前事不远，你们今后每当看到事情有不利于百姓的，必须直言规劝谏诤。"

贞观元年，太宗谓侍臣曰："正主任邪臣，不能致理；正臣事邪主，亦不能致理。惟君臣相遇，有同鱼水，则海内可安。朕虽不明，幸诸公数相匡救，冀凭直言鲠议①，致天下太平。"谏议大夫王珪对曰："臣闻木从绳则正，后

① 鲠（gěng 梗）：本是鱼骨，这里是耿直的意思。

从谏则圣①。是故古者圣主必有争臣七人②，言而不用，则相继以死。陛下开圣虑，纳刍荛，愚臣处不讳之朝，实愿罄其狂瞽③。”太宗称善，诏令自是宰相入内平章国计④，必使谏官随入，预闻政事。有所开说，必虚己纳之。

【翻译】

贞观元年，唐太宗对侍从的大臣们说：“正直的君主任用了奸臣，就不可能治理好国家；忠直的臣子侍奉昏庸的君主，也不可能治理好国家。只有正直的君主和忠直的大臣相处共事，如鱼得水，那么天下就可以平安无事了。我虽然不算明君，幸亏你们多次匡正补救过失，希望凭借你们直言鲠议，以实现天下太平。”谏议大夫王珪回答说：“我听说木材弹上墨线就能锯得正直，君主听从规谏就能成为圣明。所以古代圣明的君主必须设诤臣七人，说的话如不被接受，就一个接一个地以死相争。陛下开拓思路，采纳臣民忠言，我等处在不避忌讳的圣朝，实在愿意把愚昧之见都讲出来。”太宗称赞说得好，

---

① 木从绳则正，后从谏则圣：这句话出于《伪古文尚书·说命》。 ② 必有争臣七人：这句话出于《孝经·谏诤》，争臣即诤臣，直言谏诤之臣。 ③ 罄（qìng 庆）：本是空尽，这里是全部倒出来的意思。狂瞽（gǔ 古）：瞽是瞎眼，狂瞽是愚昧无知，此处表示谦逊。 ④ 平章：商量处理。

下诏规定今后宰相入宫商量处理国家大事，必须让谏官跟着进来，听一听如何处理。有话敞开说，一定虚心采纳。

贞观三年，太宗谓司空裴寂曰："比有上书奏事，条数甚多，朕总粘之屋壁，出入观省。所以孜孜不倦者，欲尽臣下之情。每一思政理，或三更方寝。亦望公辈用心不倦，以副朕怀也。"

【翻译】

贞观三年，唐太宗对司空裴寂说："近来有人上书奏事，条数很多，我都贴到卧室的墙壁上，出入时看看想想。所以要这么孜孜不倦，是想把臣下的想法都弄清楚。我每当一想到治国大事，有时要到三更以后才睡觉。我也希望你们用心不倦，来符合我的心意。"

贞观五年，太宗谓房玄龄等曰："自古帝王多任情喜怒，喜则滥赏无功，怒则滥杀无罪。是以天下丧乱，莫不由此。朕今夙夜未尝不以此为心，恒欲公等尽情极谏。公等亦须受人谏语，岂得以人言不同己意，便即护短不纳？若不能受谏，安能谏人？"

【翻译】

贞观五年，唐太宗对房玄龄等人说："从古以来的一些帝王往往任性喜怒无常，高兴的时候就滥赏无功的人，发怒的时候就滥杀无罪的人。所以天下丧乱，无不由此引起。我现在从早到晚无时无刻不把这些教训放在心上，始终希望你们尽情极谏。你们也应当听得进别人的劝谏，怎能够因为别人的话不合自己的心意，就护短不予采纳？如果自己不能接受劝谏，怎能劝谏别人？"

贞观六年，太宗以御史大夫韦挺①、中书侍郎杜正伦②、秘书少监虞世南③、著作郎姚思廉等上封事称旨④，召而谓曰："朕历观自古人臣立忠之事，若值明主，便宜尽诚规谏，至如龙逄、比干⑤，不免孥戮⑥。为君不易，为臣极难。朕又闻龙可扰而驯⑦，然喉下有逆鳞。卿等遂不避犯触，各进封事。常能如此，朕岂虑宗社之倾

---

① 御史大夫：御史台的长官。 ② 中书侍郎：中书省的副长官。 ③ 秘书少监：秘书监的副长官。 ④ 著作郎：秘书省的官员。封事：加封以免泄密的奏章。 ⑤ 比干：商纣王的贤臣，以进谏被杀。 ⑥ 孥(nú 奴)戮：孥本指子女或妻，这里的孥戮是指连儿子一起杀掉。 ⑦ 扰：驯养。

败！每思卿等此意，不能暂忘，故设宴为乐。”仍赐绢有差①。

【翻译】

贞观六年，唐太宗因为御史大夫韦挺、中书侍郎杜正伦、秘书少监虞世南、著作郎姚思廉等人所奏的事很合心意，召见时对他们说：“我曾把从古以来臣子尽忠的事迹一一看过，如果遇到圣明的君主，自然就能够诚心规谏，但如像龙逢、比干那样的处境，就不免身遭杀戮株连家人。做君主不容易，做臣子也难。我又听说龙可以驯养得听话，但喉下有逆鳞。你们就敢于犯逆鳞，各自进上奏书。常能这样，我难道还怕宗庙社稷会倾覆！每想到你们一片忠心，一刻也不能忘怀，所以设宴共享欢乐。”还给每人赏赐了数量不等的绢。

贞观八年，太宗谓侍臣曰：“朕每闲居静坐，则自内省，恒恐上不称天心，下为百姓所怨。但思正人匡谏，欲令耳目外通，下无怨滞。又比见人来奏事者，多有怖

① 赐绢：当时的绢帛不仅可以做衣服，同时还是货币，与铜钱同样流通使用，赐绢等于赏赐钱财。

慴①，言语致失次第。寻常奏事，情犹如此，况欲谏诤，必当畏犯逆鳞。所以每有谏者，纵不合朕心，朕亦不以为忤。若即嗔责②，深恐人怀战惧③，岂肯更言！”

【翻译】

贞观八年，唐太宗对侍从的大臣们说：“我每当无事静坐，就自我反省。常常害怕对上不能使上天称心如意，对下被百姓所怨恨。只想得到正直忠诚的人匡救劝谏，好让我的视听能和外边相通，使下面没有积怨。此外近来见到来奏事的人，常显得心怀恐惧，连讲话也变得语无伦次。平时奏事，情况尚且如此，何况要折面谏诤，必然害怕触犯逆鳞。所以每当有人谏诤时，纵然不合我的心意，我也不见怪。假如立刻发怒斥责，恐怕人人心怀恐惧，岂敢再说话！”

贞观十五年，太宗问魏徵曰：“比来朝臣都不论事，何也？”徵对曰：“陛下虚心采纳，诚宜有言者。然古人

---

① 慴（zhé 哲）：慑（shè 摄）的异体字，恐惧。 ② 嗔（chēn 臣阴平）：发怒。 ③ 战：通“颤”，发抖。

云：'未信而谏，则以为谤己；信而不谏，则谓之尸禄①。'但人之才器，各有不同：懦弱之人，怀忠直而不能言；疏远之人，恐不信而不得言；怀禄之人②，虑不便身而不敢言。所以相与缄默③，俯仰过日④。"太宗曰："诚如卿言。朕每思之，人臣欲谏，辄惧死亡之祸，与夫赴鼎镬⑤、冒白刃，亦何异哉？故忠贞之臣，非不欲竭诚，竭诚者乃是极难。所以禹拜昌言⑥，岂不为此也！朕今开怀抱，纳谏诤，卿等无劳怖惧，遂不极言。"

【翻译】

贞观十五年，唐太宗问魏徵："近来朝臣都不议论政事，这为什么？"魏徵回答说："陛下虚心纳谏，本来应当有话说。然而古人说过：'不被信任的人劝谏，就被认为

① 未信而谏……谓之尸禄：这话见于《论语·子张》及《说苑·尊贤》，这里引用稍有出入。尸禄，尸本是古代代表死者受祭时一动也不动，所以后来把做了官不干事叫尸位，禄是俸禄，尸禄就是做官吃俸禄而不干事。 ② 怀禄：这里的怀是留恋、贪恋，怀禄就是贪恋官位俸禄。 ③ 缄（jiān 尖）：本是封住，这里是闭口不讲话。 ④ 俯仰：应付、周旋的意思。⑤ 鼎镬（huò 获）：鼎为古代青铜器，三足两耳，用来煮食物。镬，是无足的，也就是锅子。鼎镬原是烹饪器，古人又用来煮人，是一种野蛮的酷刑。 ⑥ 禹拜昌言：这句话出于《尚书·益稷》。昌言就是好的意见。

是毁谤自己;已被信任而不劝谏,就叫做尸禄。'但是人的才能器度,各有不同:胆小怕事的人,心存忠直而不能进谏;被疏远的人,怕不信任而无法进谏;贪恋禄位的人,怕不利于自身而不敢进谏。所以大家沉默不言,应付着混日子。"太宗说:"这些现象确实像你所说。我常想,人臣要劝谏,动辄害怕有死亡之祸,这和赴鼎镬被烹杀、冒刀剑被斩杀又有什么两样?因此忠贞的臣子,并非不想竭尽忠诚,竭尽忠诚实在太难。所以夏禹听了好的意见要拜谢,岂不就是因为这个缘故。我如今敞开胸怀,接受谏诤,你们无须害怕,不要把想说的话不说出来。"

贞观十六年,太宗谓房玄龄等曰:"自知者明,信为难矣。如属文之士①、伎巧之徒,皆自谓己长,他人不及。若名工文匠,商略诋诃,芜词拙迹,于是乃见。由是言之,人君须得匡谏之臣,举其僁过②。一日万机,一人听断,虽复忧劳,安能尽善?常念魏徵随事谏正,多中朕失,如明镜鉴形,美恶必见。"因举觞赐玄龄等数人勖之③。

---

① 属文:连缀字句写成文章。 ② 僁(qiān 千):同"愆",过失。 ③ 觞(shāng 伤):古代盛酒的器皿。勖(xù 序):勉励。

【翻译】

贞观十六年，唐太宗对房玄龄等人说："能正确对待自己的人是明智的人，但要做到实在困难。这像会写作的文士、有技巧的工匠，都自夸自己有本领，别人比不上。如果遇上著名的文士、工匠来评量指责，杂乱无章的文辞和拙劣的技艺就会显现出来。这样说来，君主须有匡救谏诤的臣子，来指出过错。每天有成千上万的事情，靠一个人来了解判断，即使辛苦劳累，怎能把每件事都处理得尽善尽美呢？我常想念魏徵遇到问题时随事谏诤匡正，多次切中我的过失，这好像用明镜来照形体，美与丑都会显现出来。"因而举起杯子给房玄龄等几位敬酒，勉励他们也应这样做。

贞观十七年，太宗问谏议大夫褚遂良曰："昔舜造漆器，禹雕其俎①，当时谏者十有余人。食器之间，何须苦谏？"遂良对曰："雕琢害农事，纂组伤女工②。首创奢淫，危亡之渐。漆器不已，必金为之。金器不已，必玉为之。所以诤臣必谏其渐，及其满盈，无所复谏。"太宗曰："卿

---

① 俎(zǔ 阻)：祭祀时用来盛装食物的器皿。 ② 纂(zuǎn 钻上声)：用在这里是指五彩的带子。组：用在这里是指丝织的阔带子。女工：又作"女红"，此指纺织，这是古代妇女的日常劳动。

言是矣。朕所为事,若有不当,或在其渐,或已将终,皆宜进谏。比见前史,或有人臣谏事,遂答云'业已为之',或道'业已许之',竟不为停改。此则危亡之祸,可反手而待也。"

【翻译】

贞观十七年,唐太宗问谏议大夫褚遂良说:"从前虞舜制作漆器,夏禹雕饰祭器,当时劝谏的有十多人。为饮食器皿一类的小事,何必苦谏?"褚遂良回答说:"从事精雕细琢会妨害农耕,编织五颜六色的彩带会妨碍妇女的正常事务。首创奢侈淫逸,就是危亡的开端。有了漆器不满足,必然要用黄金来做。金器还不满足,必然要用玉石来做。所以谏诤之臣必须在事情才开端就进谏,等到已做够再劝谏也不起作用了。"太宗说:"你讲得很对,我所做的事情,如有不当,不论是在刚开始,或者是将做完,都应当及时进谏。近来我翻阅前朝史书的记载,有时臣下进谏,君主就回答说'已经做了',或者说'已经同意做了',终究不肯停止改正。这样下去危亡的灾祸在反手之间就会到来。"

纳谏第五篇

《纳谏》篇凡十章,《直谏》另为一类亦十章附此篇之后。这是《求谏》的姊妹篇。求谏的真伪,就要看能否纳谏或接受直谏,本篇二十章内都有具体的事迹。虽然贞观初期与后期唐太宗在纳谏态度上也有所变化,但总的看来还算是能够纳谏的。一个封建社会中至高无上的皇帝,能够在谏臣魏徵、王珪、张玄素、李大亮等及长孙皇后、皇太子李治等的进谏之下,接受谏诤,改进政务,从口头到行动上承认一些"此乃朕之不是"、"我不寻思,过亦深矣",切实加以改正。如停聘郑仁基女为充华,停中男十八已上简点入军,停发卒修洛阳乾元殿以备巡狩等,都记载详明，确实可信。纵观贞观年间唐太宗的纳谏状况，则如魏徵所言："贞观之初，恐人不言，导之使谏；三年以后，见人谏，悦而从之；一二年来，不悦人谏，虽黾勉听受，而意终不平，谅有难色。"唐太宗也不能不承认："诚如公言，非公无能道此者。"不过他总算是中国历史上一个值得称道的纳谏之君。这里选译纳谏六章和直谏六章。

贞观初，太宗与黄门侍郎王珪宴语，时有美人侍侧①。本庐江王瑗之姬也②，瑗败，籍没入宫③。太宗指示珪曰："庐江不道，贼杀其夫而纳其室④。暴虐之甚，何有不亡者乎！"珪避席曰⑤："陛下以庐江取之为是邪，为非邪？"太宗曰："安有杀人而取其妻，卿乃问朕是非，何也？"珪对曰："臣闻于《管子》曰：'齐桓公之郭国，问其父老曰："郭何故亡？"父老曰："以其善善而恶恶也。"桓公曰："若子之言，乃贤君也，何至于亡？"父老曰："不然，郭

① 美人：是正四品的妃嫔名称。 ② 庐江王瑗：太宗的族叔李瑗，封庐江王，因谋反被杀。 ③ 籍没：官府把罪人家里的人和财产进行登记，全部没收。籍，登记的簿籍。 ④ 室：妻室。 ⑤ 避席：古人席地而坐，有所敬则离坐而起，叫避席。

君善善而不能用，恶恶而不能去，所以亡也。”’今此妇人尚在左右，臣窃以为圣心是之，陛下若以为非，所谓知恶而不去也。”太宗大悦，称为至善，遽令以美人还其亲族。

【翻译】

贞观初年，唐太宗在与黄门侍郎王珪闲坐交谈，当时有个美人在旁边侍候。她本是庐江王李瑗的爱姬，李瑗坏事后，被籍没入宫。太宗指着她对王珪说：“庐江王荒淫无道，杀害了她原先的丈夫而把她占为己有。暴虐到极点，怎会不灭亡呢！”王珪离座说：“陛下认为庐江王夺取她是对呢，还是不对？”太宗说：“哪有杀人而夺取其妻的道理，你却问我对不对，这是什么意思？”王珪回答说：“我见到《管子》书里说：‘齐桓公到了郭国，问那里的父老：“郭国为什么会灭亡？”父老说：“因为郭君喜欢好人而厌恶坏人。”齐桓公说：“照你所说，他是个贤君啊，怎会灭亡呢？”父老说：“不是这样，郭君喜欢好人却不能任用，厌恶坏人却不能摒弃，所以灭亡。”’如今这个妇人还在陛下左右，所以我猜测陛下的心意认为这样做是对的，陛下如果认为不对，那就是所谓知道邪恶而不能摒弃了。”太宗听罢大为高兴，夸他讲得好极了，马上命令把这个美人送还给她的亲族。

太宗有一骏马，特爱之，恒于宫中养饲，无病而暴死。太宗怒养马宫人，将杀之。皇后谏曰："昔齐景公以马死杀人，晏子请数其罪云①：'尔养马而死，尔罪一也。使公以马杀人，百姓闻之，必怨吾君，尔罪二也。诸侯闻之，必轻吾国，尔罪三也。'公乃释罪。陛下尝读书见此事，岂忘之邪？"太宗意乃解。又谓房玄龄曰："皇后庶事相启沃，极有利益尔。"

【翻译】

唐太宗有一匹好马，特别喜爱它，常在宫里饲养，有一天这马无病却突然死掉了。太宗对养马的宫人很生气，要杀掉他。长孙皇后劝谏说："从前齐景公因为马死了要杀人，晏子请求数说他的罪状：'你养的马死了，是你第一条罪。让国君因马杀人，百姓知道了，必定怨恨我们国君，是你第二条罪。诸侯知道了，必定轻视我们齐国，是你第三条罪。'齐景公听后便赦免了养马人的罪。陛下曾经读书读到过这件事情，难道忘记了？"太宗听了这话才平下气来。他又对房玄龄说："皇后在很多事情上启发帮助我，对我很有好处。"

---

① 晏子（？—前500年）：名婴，春秋时齐国的著名政治家。

贞观七年，太宗将幸九成宫①，散骑常侍姚思廉进谏曰：“陛下高居紫极②，宁济苍生，应须以欲从人，不可以人从欲。然则离宫游幸③，此秦皇、汉武之事，故非尧、舜、禹、汤之所为也。”言甚切至。太宗谕之曰：“朕有气疾④，热便顿剧，故非情好游幸，甚嘉卿意。”因赐帛五十段。

【翻译】

贞观七年，唐太宗准备去九成宫，散骑常侍姚思廉进谏说：“陛下高居帝位，安天下济百姓，应该自己克制私欲，不可让自己顺从私欲。因此离开宫室去外地巡游作乐，这是秦始皇、汉武帝的事情，不是唐尧、虞舜、夏禹、商汤所做的事。”姚思廉说得十分恳切。太宗对他解释道：“我因为有气病，天热就立即加重，本非想巡游作乐，对你的好意我很赞赏。”为这事，太宗赏赐给姚思廉帛五十段。

---

① 九成宫：在今陕西麟游的山上，是皇帝避暑的地方。② 紫极：我国古代天文中的北极紫微星垣，相应于地上的皇帝及辅佐大臣，因而后来也把皇帝居处的地方叫紫极。 ③ 离宫：皇帝正式宫室以外，盖了供游幸的宫室叫离宫。 ④ 气疾：呼吸方面的疾病。

贞观八年，陕县丞皇甫德参上书忤旨①，太宗以为讪谤②。侍中魏徵进言曰："昔贾谊当汉文帝上书云云③'可为痛哭者一，可为长叹者六。'自古上书，率多激切，若不激切，则不能起人主之心。激切即似讪谤，惟陛下详其可否。"太宗曰："非公无能道此者。"令赐德参帛二十段。

【翻译】

贞观八年，陕县丞皇甫德参上书触怒了唐太宗，太宗认为这是毁谤。侍中魏徵进言道："从前贾谊在汉文帝时上书，曾说到'可以为帝王痛哭的事有一件，可以为帝王长叹息的事有六件。'从古以来上书奏事，往往言辞很激切，如果不激切，就不能打动人主的心。言辞激切就近似毁谤，希望陛下仔细详察我的话对不对。"太宗说："不是你谁也不会讲这样中肯的话。"于是令赏赐给皇甫德参帛二十段。

贞观十八年，太宗谓长孙无忌等曰："夫人臣之对帝王，多顺从而不逆，甘言以取容。朕今发问，不得有隐，

---

① 陕县丞：今河南陕县。丞，县丞，县令属下地位最高的官员。 ② 讪（shàn 善）：毁谤、讥笑。 ③ 贾谊（前 200—前 168）：西汉时著名的政论家、文学家。云云：古代没有现在标点中的删节号，要省略时就用"云云"来代替。

宜以次言朕过失。”长孙无忌、唐俭等皆曰：“陛下圣化，道致太平①，以臣观之，不见其失。”黄门侍郎刘洎对曰②：“陛下拨乱创业，实功高万古，诚如无忌等言。然顷有人上书，辞理不称者，或对面穷诘，无不惭退。恐非奖进言者。”太宗曰：“此言是也，当为卿改之。”

【翻译】

贞观十八年，唐太宗对长孙无忌等人说：“臣子对帝王，多是顺从而不违拗，用甜言美语来讨人喜欢。我现在提出问题，你们不准隐讳，要一一说出我的过失来。”长孙无忌、唐俭等人都说：“陛下圣德教化，导致天下太平，据我们看来，看不出有什么过失。”黄门侍郎刘洎对答说：“陛下拨乱创业，确实功高万古，如无忌等人所说。但不久前有人上书，遇到言辞内容不合陛下心意，有时就当面追根盘问，弄得上书言事的人无不羞惭而退。这恐怕不是在奖励进言者吧。”太宗说：“这话讲对了，我一定接受你的意见改正错误。”

太宗尝怒苑西监穆裕③，命于朝堂斩之。时高宗为

---

① 道：同“导”。 ② 洎：读作“记”(jì)。 ③ 苑西监：管理禁苑的官。

皇太子，遽犯颜进谏[1]，太宗意乃解。司徒长孙无忌曰[2]："自古太子之谏，或乘间从容而言。今陛下发天威之怒，太子申犯颜之谏，诚古今未有。"太宗曰："夫人久相与处，自然染习。自朕御天下，虚心正直，即有魏徵朝夕进谏。自徵亡，刘洎、岑文本、马周、褚遂良等继之。皇太子幼在朕膝前，每见朕心说谏者[3]，因染以成性，故有今日之谏。"

【翻译】

唐太宗有一次对苑西监穆裕大发脾气，下令在朝堂上杀掉他。当时高宗做皇太子，赶忙冒犯威严进谏劝阻，太宗怒气才平下来。司徒长孙无忌说："从古以来，皇太子劝谏，往往是趁空闲时委婉进言。今天陛下盛怒，太子冒犯威严进谏，实在是古今所未有过的。"太宗说："人长期相处，自然习染成性。自从我治理天下，虚心听取正直的话，因此就曾有魏徵早晚进谏。魏徵亡故以来，刘洎、岑文本、马周、褚遂良等继续进谏。皇太子小时候在我身边，常看到我对进谏的人心里喜悦，因而习染成性，所以会有今天的进谏。"

---

① 犯颜：冒犯尊上的威严。 ② 司徒：正一品的高官。 ③ 说（yuè 悦）：通"悦"，喜悦。

贞观二年，隋通事舍人郑仁基女年十六七①，容色绝姝②，当时莫及。文德皇后访求得之③，请备嫔御，太宗乃聘为充华④。诏书已出，策使未发⑤。魏徵闻其已许嫁陆氏，方遽进而言曰："陛下为人父母⑥，抚爱百姓，当忧其所忧，乐其所乐。自古有道之主，以百姓之心为心，故君处台榭⑦，则欲民有栋宇之安；食膏粱⑧，则欲民无饥寒之患；顾嫔御，则欲民有室家之欢。此人主之常道也。今郑氏之女，久已许人，陛下取之不疑，无所顾问，播之四海，岂为民父母之道乎？臣传闻虽或未的，然恐亏损圣德，情不敢隐。君举必书，所愿特留神虑。"太宗闻之大惊，手诏答之，深自克责，遂停策使，乃令女还旧夫。左仆射房玄龄、中书令温彦博、礼部尚书王珪⑨、御史大夫韦挺等云："女适陆氏，无显然之状，大礼既行，不可中止。"又陆氏抗表云⑩："某父康在日，与郑家往还，时相赠遗资财，初无婚姻交涉亲戚。"并云："外人不知，妄有此说。"大臣又劝进。太宗于是颇以为疑，问徵曰："群

① 通事舍人：递呈奏章、引见臣下、传达圣旨的官员。② 姝（shū 书）：美丽。③ 文德皇后：即长孙氏，文德是死后的谥号。④ 充华：正二品的妃嫔。⑤ 策使：策同"册"，策使是册封的使者。⑥ 陛下为人父母：古人认为皇帝是百姓的父母。⑦ 榭（xiè 谢）：建在台上的敞屋。⑧ 膏粱：精美的食物。⑨ 礼部：主管礼仪文教。⑩ 抗表：上表直言叫抗表。

臣或顺旨,陆氏何为过尔分疏?"徵曰:"以臣度之,其意可识,将以陛下同于太上皇①。"太宗曰:"何也?"徵曰:"太上皇初平京城,得辛处俭妇,稍蒙宠遇。处俭时为太子舍人②,太上皇闻之不悦,遂令出东宫为万年县③,每怀战惧,常恐不全首领。陆爽以为陛下今虽容之④,恐后阴加谴谪,所以反复自陈,意在于此,不足为怪。"太宗笑曰:"外人意见,或当如此。然朕之所言,未能使人必信。"乃出敕曰:"今闻郑氏之女,先已受人礼聘,前出文书之日,事不详审,此乃朕之不是,亦为有司之过。授充华者宜停。"时莫不称叹!

【翻译】

贞观二年,隋通事舍人郑仁基的女儿年方十六七岁,是个容貌极为美丽的绝代佳人,当时没有谁能比得上。文德皇后寻访到后,请求唐太宗留在后宫作为嫔妃,太宗就聘她为充华。诏书已经发出,册封的使者尚未动身。魏徵听说她已许配给陆家,急忙进谏说:"陛下身为万民父母,抚爱百姓,就应当忧百姓所忧,乐百姓所

---

① 太上皇:皇帝传位于太子后成为太上皇,这是指传位太宗的唐高祖李渊。 ② 太子舍人:东宫的官员。 ③ 万年:当时京城里有两县,东为万年县,西为长安县。 ④ 陆爽:郑仁基女儿的未婚夫。

乐。古来有道德的君主，皆能想百姓所想。所以君主居处台榭，就想使百姓有房屋安身；君主吃美味佳肴，就想使百姓不受饥饿；看到嫔妃，就想使百姓有婚配成家的欢乐。这才是做君主的正常道理。如今郑氏之女，早就许了人家，陛下毫不考虑就要她进宫，也不打听询问，这事传到全国，难道是做百姓父母的道理？我听来的传闻虽然不一定确实，但恐怕有损于圣上的美德，不敢隐瞒自己的看法。君主一举一动都有史官记录，希望陛下特别要多加考虑。”太宗听了大吃一惊，亲自写诏书回答魏徵，狠狠地责备自己，即刻叫停止派遣册封的使者，把这个女子送还原定的丈夫。左仆射房玄龄、中书令温彦博、礼部尚书王珪、御史大夫韦挺等人说：“说这个女子许嫁陆氏，并无确凿的证据，册封大礼既已进行，不可中途废止。”而陆氏也上表说：“我父亲陆康在世时，与郑家往来，时常互相赠送资产财物，当初没有约为婚姻亲戚关系。”还说：“外边的人不知实情，在乱讲。”大臣们又劝说太宗册封郑氏女。太宗这时也左右为难，便问魏徵：“大臣们或许是要顺从我的意旨，陆氏为什么如此极力分辩？”魏徵说：“依我看法，陆氏心意是可以明白的，他是把陛下看得同太上皇一样。”太宗问：“这是什么意思？”魏徵说：“太上皇刚平定京城，取得辛处俭的妻子，颇加宠幸。辛处俭当时做太子舍人，太上皇知道了不高兴，就命令他离开东宫去万年县做官，辛处俭常怀恐惧，担心保不住脑袋。陆爽认为陛下目前虽然能宽容他，怕以后暗地里给他加罪贬官，所以反复表白，用意就在这里，不足奇怪。”太宗笑道：“外边人的想法，也许会这样。但我所说的，确也未必能使人家一定相信。”于是发出诏令说：“如今闻知郑氏之女，过去已经接受人家的聘礼，先前发出诏书的时候，事情没有弄清楚，这是我的不是，也有有关部门的过错。授充华的事情应停止执行。”对此当时人们无不称赞。

贞观五年，治书侍御史权万纪、侍御史李仁发[1]，俱以告讦谮毁[2]，数蒙引见。任心弹射[3]，肆其欺罔，令在上震怒，臣下无以自安。内外知其不可，而莫能论诤。给事中魏徵正色而奏之曰：“权万纪、李仁发并是小人，不识大体，以谮毁为是，告讦为直，凡所弹射，皆非有罪。陛下掩其所短，收其一切。乃骋其奸计[4]，附下罔上，多行无礼，以取强直之名。诬房玄龄，斥退张亮，无所肃厉，徒损圣明。道路之人，皆兴谤议。臣伏度圣心，必不

① 治书侍御史：御史台的副长官，后改称御史中丞。② 讦（jié 结）：揭发别人阴私。谮（zèn）：进谗言，说人坏话。③ 弹（tán）射：弹劾、指责。④ 骋（chěng 逞）：放纵。

以为谋虑深长，可委以栋梁之任，将以其无所避忌，欲以惊厉群臣。若信狎回邪[1]，犹不可以小谋大，群臣素无矫伪，空使臣下离心。以玄龄、亮之徒，犹不可得伸其枉直，其余疏贱，孰能免其欺罔？伏愿陛下留意再思。自驱使二人以来，有一弘益，臣即甘心斧钺，受不忠之罪。陛下纵未能举善以崇德，岂可进奸而自损乎？”太宗欣然纳之，赐徵绢五百匹。其万纪又奸状渐露，仁发亦解黜。万纪贬连州司马[2]，朝廷咸相庆贺焉。

【翻译】

贞观五年，治书侍御史权万纪和侍御史李仁发，都因告密、诬陷毁谤，多次被太宗召见。他们任意告发攻击别人，极尽欺蒙之能事，使得皇上震怒，而臣下无以自安。内外的人都知道不对，但没有谁能向太宗议论谏诤。给事中魏徵严肃地上奏说：“权万纪、李仁发都是小人，不识大体，认为诬陷诽谤是对的，揭发阴私才是正直，凡是被他们所告发攻击的人，都并非真是有罪。陛下掩盖他们的短处，对他们完全听信。他们就施展奸谋，对下拉拢对上欺瞒，干了许多无礼的事情，来博取鲠直的美名。他们诬陷

① 回邪：不正之人。 ② 连州：治所在今广西连州。

房玄龄，斥退张亮，并不能整肃朝廷，却白白地损害了圣上的英明。路上的人，都纷纷指责议论。我私自猜测圣上的心意，一定不会认为他们谋虑深长，可以委以国家栋梁的重任，大概因为利用他们无所避忌的言行，好用来警诫督促群臣。但即使真的信任亲近这些不正之人，也不能用小人来算计大臣，何况臣下们本来没有矫诈虚假，这样做只会使臣下们离心。连房玄龄、张亮这样的人，都没有办法来申辩曲直，至于其他关系疏远、职位低下的人，谁能避免他们欺侮、诬陷？希望陛下再认真想一想。自从任用这二人以来，哪怕给国家做了一件有益的事，臣都甘愿被斧钺之诛，受不忠之罪。陛下纵使未能推举好人来播扬圣德，怎能引进奸邪而自损声威呢？”太宗很高兴地接受了魏徵的意见，赏赐给他绢五百匹。权万纪此人的劣迹逐渐暴露，李仁发也被解职黜逐。权万纪被贬为连州司马，朝廷群臣都互相庆贺。

贞观六年，有人告尚书右丞魏徵①，言其阿党亲戚。太宗使御史大夫温彦博案验其事，乃言者不直。彦博奏称，徵既为人所道，虽在无私，亦有可责。遂令彦博谓徵

---

① 尚书右丞：尚书省有左、右丞，是长官左、右仆射的助理。

曰："尔谏正我数百条，岂以此小事，便损众美。自今已后，不得不存形迹①。"居数日，太宗问徵曰："昨来在外，闻有何不是事？"徵曰："前日令彦博宣敕语臣云：'因何不存形迹？'此言大不是。臣闻君臣同气，义均一体。未闻不存公道，惟事形迹。若君臣上下，同遵此路，则邦国之兴丧，或未可知！"太宗瞿然改容曰②："前发此语，寻已悔之，实大不是。公亦不得遂怀隐避。"徵乃拜而言曰："臣以身许国，直道而行，必不敢有所欺负。但愿陛下使臣为良臣，勿使臣为忠臣。"太宗曰："忠、良有异乎？"徵曰："良臣使身获美名，君受显号。子孙传世，福禄无疆。忠臣身受诛夷，君陷大恶。家国并丧，独有其名。以此而言，相去远矣。"太宗曰："君但莫违此言，我必不忘社稷之计。"乃赐绢二百匹。

【翻译】

贞观六年，有人告发尚书右丞魏徵，说他袒护亲戚。唐太宗便派御史大夫温彦博去查明这件事。结果是告发的人歪曲事实。温彦博上奏说："魏徵既然被人讲了坏话，虽然并无偏袒徇私，也还有可以责备的地方。"太宗就叫温彦博对魏徵传话说："你直言谏诤了我几百件

① 形迹：举止言行。 ② 瞿然：惊醒貌。

事，怎会因这点小事，就否定你那么多的好处。从今以后，你也不能不检点一下自己的举止言行。”过了几天，太宗问魏徵说：“这两天你在外边，听到有什么不对的事情？”魏徵说：“前天陛下叫温彦博向我传达圣意，说：‘为什么不检点自己的举止言行？’这话说得太不对。我听说君臣之间意气相投，从道理上讲等于是一个整体。没有听说过不心存公道，只去检点举止言行。如果君臣上下，都去走后一条路，小心翼翼，那国家的兴亡，就很难说了！”太宗这才醒悟，换了一副脸色说道：“前次说了这话，不久已觉后悔，实在讲得很不对。你也不要因此就存退避之心。”魏徵于是下拜说：“我把身子交给国家，公正办事，决不敢有什么欺罔行为，但愿陛下让我做一个良臣，不要让我去做忠臣。”太宗问道：“忠臣、良臣有哪些不一样？”魏徵回答说：“良臣使自身获得好名声，君上也能得显耀的称号，子子代代传下去，荣华富贵无穷无尽。忠臣自身蒙受诛戮，却使圣上陷于极大的恶名，家与国都丧失，只留下个忠臣空名。这样说来，忠臣与良臣相去很远了。”太宗说：“你只要不违背所说的话，我必定不会忘掉治理国家的大计。”于是太宗赏赐给魏徵绢二百匹。

贞观六年，匈奴克平[①]，远夷入贡，符瑞日至[②]，年谷频登。岳牧等屡请封禅[③]，群臣等又称述功德，以为"时不可失，天不可违，今行之，臣等犹谓其晚。"惟魏徵以为不可。太宗曰："朕欲得卿直言之，勿有所隐。朕功不高耶？"曰："高矣。""德未厚耶？"曰："厚矣。""华夏未安耶？"曰："安矣。""远夷未慕耶？"曰："慕矣。""符瑞未至耶？"曰："至矣。""年谷未登耶？"曰："登矣。""然则何为不可？"对曰："陛下功高矣，民未怀惠。德厚矣，泽未旁流。华夏安矣，未足以供事。远夷慕矣，无以供其求。符瑞虽臻，而罻罗犹密[④]。积岁丰稔，而仓廪尚虚。此臣所以窃谓未可。臣未能远譬，且借近喻于'人'。有人长患疼痛，不能任持，疗理且愈，皮骨仅存，便欲负一石米，日行百里，必不可得。隋氏之乱，非止十年，陛下为之良

---

① 匈奴：这并非秦汉时的匈奴或魏晋时的南匈奴，而是指东突厥，贞观四年已战败降服。 ② 符瑞：古人迷信，把出现罕见的甚至虚构的东西，如天降甘露，地生嘉禾、连理木之类，叫做符瑞。说这是皇帝统治得好，所以上天用这些祥瑞的东西来表示肯定。 ③ 岳牧：我国古代传说中有所谓四岳和十二州牧，分管全国，这里用岳牧指州县等地方长官。封禅：大型迷信活动，古代帝王建立功业后一般要到泰山筑坛祭天，叫封，同时在附近的梁父等小山祭地，叫禅。 ④ 罻（wèi 尉）罗：罻罗就是网罗，本是捕鸟的器具，这里指法网。

医，除其疾苦，虽已乂安[1]，未甚充实，告成天地，臣窃有疑。且陛下东封，万国咸萃，要荒之外[2]，莫不奔驰。今自伊、洛之东，暨乎海、岱[3]，萑莽巨泽[4]，茫茫千里，人烟断绝，鸡犬不闻，道路萧条，进退艰阻。宁可引彼戎狄，示以虚弱？竭财以赏，未厌远人之望；加年给复[5]，不偿百姓之劳。或遇水旱之灾，风雨之变，庸夫邪议，悔不可追。岂独臣之诚恳，亦有舆人之论。"太宗称善，于是乃止。

【翻译】

贞观六年，突厥已告平定，远方外族前来进贡，吉祥的征兆天天发现，谷物连年丰收。地方长官多次请求举行封禅大典，臣下们也纷纷歌功颂德，以为"时机不可错过，天意不可违抗，即使如今举行封禅大典，我们还认为太迟了。"只有魏徵认为不行。太宗说："我想要你如实直言，不必隐讳。我的功业难道还不高吗？"魏徵答："高啊。"太宗问："德行不厚吗？"魏徵答："厚啊。"太宗问：

---

① 乂(yì)安：乂是治理，乂安是太平无事。 ② 要荒：要服、荒服，过去的说法是天子之国以外二千里远的地方叫要服，要服以外五百里远的地方叫荒服，要荒是指边远地区。 ③ 岱：岱岳，就是泰山。 ④ 萑(huán环)：芦类植物。莽：草深密叫莽。 ⑤ 复(fù富)：免除徭役。

"全国还没安定吗?"魏徵答:"安定了。"太宗问:"远方外族还没仰慕吗?"魏徵答:"仰慕了。"太宗问:"象征吉祥的事物还没出现吗?"魏徵答:"出现了。"太宗问:"谷物还没丰收吗?"魏徵答:"丰收了。"太宗质问道:"既然如此为什么不能封禅?"魏徵回答说:"陛下功高了,但百姓还没有思念您对他们的好处。德行厚了,但恩泽还没有普及。全国安定了,但还没有足够的力量来办大事。远方外族仰慕了,但还没有更多的财物来供应他们的需求。符瑞虽已出现,但法网还太严密。连年丰收,但仓廪还不充实。这就是我所以认为还不该封禅的道理。我不拿远的历史来比喻,只就近用'人'来讲。有人长期患病疼痛,不能支持,虽经治疗快痊愈了,但已瘦得皮包骨头,却想马上驮起一石米,一天走一百里,肯定办不到。隋朝祸乱,已不止十年,陛下为天下良医,解除百姓疾苦,虽已太平,还不很富实,要祭天地报告大功完成,我暗自有怀疑。况且陛下东封泰山,天下万国都要兴师动众,即使边远地区,也都得派人赶来。但如今从伊水、洛水向东,直抵东海、泰山,草木丛生,遍地沼泽,茫茫千里,人烟稀少,听不到鸡鸣狗吠,沿路萧条,进退十分艰难。难道陛下宁愿让远方外族来内地,让他们看出我们的虚弱?竭尽财物来赏赐,不能满足远方来人的期望;多免除几次徭役,也不能抵偿当地百姓的辛劳。如碰上水旱之灾，风雨之害，庸夫邪议丛生，就是后悔也来不及了。这不仅是我的诚心恳求，也还有多人的议论。”太宗说魏徵讲得很好，于是停止封禅。

贞观八年，左仆射房玄龄、右仆射高士廉于路逢少府监窦德素①，问北门近来更何营造②。德素以闻。太宗乃谓玄龄曰：“君但知南衙事③，我北门少有营造，何预君事？”玄龄等拜谢。魏徵进曰：“臣不解陛下责，亦不解玄龄、士廉拜谢。玄龄既任大臣，即陛下股肱耳目，有所营造，何容不知？责其访问官司，臣所不解。且所为有利害，役工有多少，陛下所为善，当助陛下成之，所为不是，虽营造，当奏陛下罢之。此乃君使臣、臣事君之道。玄龄等问既无罪，而陛下责之，臣所不解；玄龄等不识所守，但知拜谢，臣亦不解。”太宗深愧之。

【翻译】

贞观八年，左仆射房玄龄、右仆射高士廉在路上遇到少府监窦德素，问他北门近来又再营建点什么。窦德

---

① 少府监：少府监是主管营造建筑的机构，它的长官就叫少府监。 ② 北门：宫城的北门，就是玄武门。 ③ 南衙：政府机构都在宫城以南的皇城，所以称宰相办公所在为南衙。

素将这事报告给唐太宗。太宗就对房玄龄说："你只管南衙里的事，我的北门稍有点营建，何须你来干预？"玄龄等下拜谢罪。魏徵进言说："我不理解陛下为什么要指责，也不理解房玄龄、高士廉为什么要下拜谢罪。房玄龄既然做了大臣，也就是陛下的得力助手，有所营建，怎么不可以让他知道？陛下指责他询问主管部门，是我所不理解的。而且所营建房屋的有利还是有害，所使用的人工是多还是少，陛下做得好，应当协助陛下来完成；做得不对，即使已在营建，也应当奏请陛下停止。这是君使用臣、臣侍奉君的正道。房玄龄等人问了既是无罪，而陛下却加以指责，又是我所不理解的；房玄龄等人不清楚自己的职守，只知道下拜谢罪，我也不能理解。"太宗听了这番话深为惭愧。

贞观十年。越王，长孙皇后所生①，太子介弟②，聪敏绝伦，太宗特所宠异。或言三品以上皆轻蔑王者③，意在谮侍中魏徵等，以激上怒。上御齐政殿，引三品已上入，坐定，大怒作色而言曰："我有一言，向公等道。往前

① 越王：就是太宗第四子李泰，初封越王，后改封魏王。
② 介弟：这里的介是大的意思，介弟是对人家的弟弟的尊称。
③ 三品以上：唐初宰相中尚书、左右仆射是从二品，中书令、侍中是正三品，三品以上指宰相等高官。

天子，即是天子，今时天子，非天子耶？往年天子儿，是天子儿，今日天子儿，非天子儿耶？我见隋家诸王，达官已下[①]，皆不免被其踬顿[②]。我之儿子，自不许其纵横，公等所容易过，得相共轻蔑。我若纵之，岂不能踬顿公等？”玄龄等战栗，皆拜谢。徵正色而谏曰：“当今群臣，必无轻蔑越王者。然在礼，臣、子一例，《传》称[③]，王人虽微[④]，列于诸侯之上。诸侯用之为公即是公，用之为卿即是卿。若不为公卿，即下士之诸侯也[⑤]。今三品已上，列为公卿，并天子大臣，陛下所加敬异，纵其小有不是，越王何得辄加折辱？若国家纪纲废坏，臣所不知。以当今圣明之时，越王岂得如此。且隋高祖不知礼义[⑥]，宠树诸王，使行无礼，寻以罪黜，不可为法，亦何足道？”太宗闻其言，喜形于色，谓群臣曰：“凡人言语理到，不可不伏。朕之所言，当身私爱。魏徵所论，国家大法。朕向者忿怒[⑦]，自谓理在不疑。及见魏徵所论，始觉大非道理，为

---

① 达官：显达的高官。 ② 踬（zhì 至）顿：踬是跌倒，顿是碰到地上，踬顿是摧折捉弄的意思。 ③ 传：古书，这话见于《春秋谷梁传·僖公八年》。 ④ 王人：侍奉天子的人。 ⑤ 下士之诸侯：戈直注本和明洪武本都作“下士于诸侯”，讲不通。据其他有关古书改正。 ⑥ 隋高祖：即隋文帝杨坚，文是谥号，高祖是庙号。 ⑦ 忿（fèn 奋）：同“愤”。

人君言，何可容易①。”召玄龄等而切责之，赐徵绢一千匹。

【翻译】

贞观十年。越王李泰是长孙皇后所生，是太子之弟，十分聪明，唐太宗对他特别宠爱。有人说三品以上都轻蔑越王，想以此来毁谤魏徵等人，激怒太宗。太宗驾临齐政殿，把三品以上的官员召引进宫，入坐后，便变了脸色怒气冲冲地说：“我有一句话，要向你们说。从前的天子，就是天子，如今的天子，就不是天子吗？以前天子的儿子，就是天子的儿子，如今天子的儿子，就不是天子的儿子吗？我看到隋朝诸王，达官以下都免不了被他们摧折，我的儿子，自然不准他们横行不法，而你们却随便起来，敢轻视他们？我要是放纵他们，难道他们不能摧折戏弄你们吗？”房玄龄等人吓得发抖，都下拜谢罪。魏徵却正颜厉色地劝谏道：“当今的臣下们肯定没有人轻视越王的。然而按礼仪来说臣下和儿子该一例看待，古书上说，周天子属下的官虽小，要排在诸侯之上。诸侯被周天子任用为公才是公，任用为卿才是卿。如果没有被周天子任用为公卿，就只是地位低于士的诸侯。如

① 容易：这里是轻率、随便的意思。

今三品以上官员，都位列公卿，全是天子的大臣，为陛下所敬重优待。就算他们有些小过小错，越王怎能随意对他们摧折侮辱？如果国家的法令制度已经败坏，我就不知道了，但在当今圣明之世，越王怎能这等无礼。况且隋高祖不懂礼义，宠爱抬高诸王，使他们做出无礼的事情，不久都因犯罪而被贬黜，这怎能效法，又有什么可称道的呢？”太宗听了这话后，喜形于色，对臣下们说：“凡是人家说的话在道理上，就不能不服。我所说的，出于个人私爱，魏徵所议论的，是国家大法。我刚才大发脾气，自以为理由充分不用怀疑，等到听了魏徵的议论，才觉得自己很没有道理。做人君的讲起话来，真不能轻率随便。”于是把房玄龄等人大加责备了一通，赏赐魏徵绢一千匹。

贞观十一年，所司奏凌敬乞贷之状①。太宗责侍中魏徵等滥进人。徵曰：“臣等每蒙顾问，常具言其长短。有学识，强谏诤，是其所长。爱生活，好经营，是其所短。今凌敬为人作碑文，教人读《汉书》，因兹附托，回易求利，与臣等所说不同。陛下未用其长，惟见其短，以为臣

① 凌敬：本是窦建德的谋臣，窦建德失败后降唐。状：文书。

等欺罔，实不敢心伏。”太宗纳之。

【翻译】

贞观十一年，有关部门奏上凌敬向人借贷的文书。太宗责怪侍中魏徵等人引荐人才太滥。魏徵说：“臣等多承蒙陛下询问，常具体说出凌敬的长处和短处。有学问识大体，敢于谏诤，是他的长处。讲究生活，喜欢经营财物，是他的短处。如今凌敬替人家撰写碑文，教人家读《汉书》，由此拉上关系，交换图利，和我所说他讲究生活、喜欢经营财物还不一样。陛下没有用他的长处，只看到他的短处，认为臣等欺君瞒上，实在不敢心服。”太宗接受了这个意见。

君臣鉴戒第六篇

《君臣鉴戒》篇凡七章，重点是以历史为镜子，引用历史上的经验教训，说明“君臣本同治乱，共安危，若主纳忠谏，臣进直言，斯故君臣合契，古来所重”的道理。为此要以早自桀纣，近至隋炀帝的覆败为鉴戒。唐太宗要臣僚懂得“君失其国，臣亦不能独全其家”的利害关系；指出炀帝无道，但“臣下亦不尽心”，“惟行谄佞，苟求悦誉”。又从多方面引用历史故事，提请臣下注意竭尽为臣之道。魏徵等大臣也以历史鉴戒，要唐太宗做一位善始善终的有道明君，要他看清“首虽尊高，必资手足以成体，君虽明哲，必藉股肱以致治”的道理。又引用孟子关于君臣关系的论述来告诫:“君视臣如手足,臣视君如腹心;君视臣如犬马,臣视君如国人;君视臣如粪土,臣视君如寇仇。”认为“臣之事君无二志,至于去就之节,当缘恩之厚薄”。当然,唐太宗要群臣以史为鉴,主要还是让他们懂得如何事君之道。这里选译其中二章。

贞观四年,太宗论隋日。魏徵对曰:“臣往在隋朝,曾闻有盗发,炀帝令于士澄捕逐。但有疑似,苦加拷掠,枉承贼者二千余人,并令同日斩决。大理丞张元济怪之①,试寻其状,乃有六七人盗发之日,先禁他所,被放才出,亦遭推勘,不胜苦痛,自诬行盗。元济因此更事究寻,二千人内惟九人逗遛不明②。官人有谙识者③,就九人内四人非贼。有司以炀帝已令斩决,遂不执奏,并杀之。”太宗曰:“非是炀帝无道,臣下亦不尽心。须相匡谏,不避诛戮,岂得惟行谄佞,苟求悦誉。君臣如此,何得不败?朕赖公等共相辅佐,遂令囹圄空虚④。愿公等善始克终,恒如今日。”

---

① 大理丞:大理寺是掌管刑狱的机构,卿是长官,丞是属官。 ② 逗遛(liú):即逗留。遛,通“留”。 ③ 谙(àn)识:熟识。 ④ 囹圄(líng yǔ 灵宇):监狱。

【翻译】

贞观四年，唐太宗谈论隋朝统治的时候，魏徵对答说："我过去在隋朝，曾听说有盗窃案发生，炀帝派于士澄追捕。只要发现可疑的人，就苦苦拷打，被迫含冤承认自己是盗贼的有两千多人，隋炀帝下令在同一天全都斩决。大理丞张元济感到奇怪，试查有关案件的文书，竟有六七人在盗窃案发生的那天，原先就关押在别的地方，盗案发生后才放出来，可也被审问拷打，受不了痛苦，自己屈认行盗。张元济因此再进行推究，这两千人中只有九个人当时行踪不清楚。官吏中有熟悉这些人的，证明九个人里有四个不是盗贼。有关部门因为炀帝已下令斩决，就不把真相上奏，结果把这两千人统统杀掉。"太宗说："这不仅是隋炀帝暴虐无道，臣下们也不尽心办事。他们应当匡正谏诤，不怕有杀身之祸，怎能一味谄媚奉迎，不讲原则地去讨皇上的欢心和称誉。隋朝君臣都是这样，怎么能不失败？我依靠你们共同辅佐，就能使监狱空无一人。希望你们能善始善终，常像今天一样。"

贞观十七年，太宗谓侍臣曰："自古草创之主，至于子孙多乱，何也？"司空房玄龄曰："此为幼主生长深宫，少居富贵，未尝识人间情伪，治国安危，所以为政多乱。"

太宗曰："公意推过于主，朕则归咎于臣。夫功臣子弟多无才行，借祖父资荫遂处大官①，德义不修，奢纵是好。主既幼弱，臣又不才，颠而不扶，岂能无乱？隋炀帝录宇文述在藩之功②，擢化及于高位③。不思报效，翻行弑逆。此非臣下之过欤？朕发此言，欲公等戒勖子弟，使无愆过，即家国之庆也。"太宗又曰："化及与玄感，即隋大臣受恩深者子孙，皆反，其故何也？"岑文本对曰："君子乃能怀德荷恩，玄感、化及之徒，并小人也。古人所以贵君子而贱小人。"太宗曰："然。"

【翻译】

贞观十七年，唐太宗对侍从的大臣们说："从古以来开创基业的君主，到他子孙手里往往发生祸乱，这是什么缘故？"司空房玄龄说："这是因为幼主生长在深宫之内，从小过着富贵生活，并不知道民间事情的真伪、治理国家的安危，所以当政就多祸乱。"太宗说："你的意思是把过失推之于君主，我则要归罪于臣下。那些功臣子弟

① 资荫：资是官阶地位，荫是庇荫，当时有资荫制度，即祖、父做了大官，可以让子孙也做官，不管子孙有无才能。 ② 宇文述：隋朝大臣，炀帝在藩做晋王时，他帮助炀帝陷害太子杨勇而有功。 ③ 宇文化及：宇文述之子，受炀帝宠信，后在江都发动兵变，杀死炀帝。

多数无才无德，靠祖父、父亲的资荫就做上大官，不修身养性，只爱奢侈放纵。君主既然幼弱，臣下又没有才能，遇到国家倾危不能匡扶，怎能不发生祸乱？隋炀帝记取宇文述在自己当晋王时的功劳，把他的儿子宇文化及提升为高位显官，可是宇文化及不考虑如何报效，反而叛逆弑君。这难道不是臣下的罪过吗？我讲这话，希望你们训诫勉励自己的子弟，使他们不要犯严重的过错，就是家国值得庆幸的事了。”太宗又说：“宇文化及和杨玄感，都是隋朝大臣中受恩深重的人的子孙，后来都谋反，这是什么缘故？”岑文本回答说：“君子才能够感恩戴德，杨玄感、宇文化及之流，都是小人。古人所以要看重君子而鄙视小人。”太宗说：“对。”

择官第七篇

《择官》篇凡十一章，这里选译其中三章。前面《任贤》、《求谏》、《纳谏》等篇都强调了帝王用人要任人唯贤，要任用敢于谏诤的贤臣，而《择官》篇则在于进一步阐述“致安之本，惟在得人”的思想和具体办法。一是主管大臣要把择官用人作为大事抓起来。“公为仆射，当助朕忧劳，广开耳目，求访贤哲。”假如“读符牒不暇，安能助朕求贤哉?”便体现了唐太宗这一指导思想，并敕尚书省，细碎事务皆付左右丞。一是要抓好从中央到地方的各级官吏的选拔和管理。“朝廷必不可独重内臣，外刺史、县令，遂轻其选。所以百姓未安，殆由于此。”“朕居深宫之中，视听不能及远，所委者惟都督、刺史，此辈实治乱所系，尤须得人。”一是要讲求质量，务求称职。“当须更并省官员，使得各当所任，则无为而治矣。”“乱世惟求其才，不顾其行。太平之时，必须才行俱兼，始可任用。”太宗与魏徵一致认为“何代无贤，但患遗而不知耳。”

贞观二年，太宗谓侍臣曰：“朕每夜恒思百姓间事，或至夜半不寐[①]。惟恐都督、刺史堪养百姓以否。故于屏风上录其姓名，坐卧恒看，在官如有善事，亦具列于名下。朕居深宫之中，视听不能及远，所委者惟都督、刺史。此辈实治乱所系，尤须得人。”

【翻译】

贞观二年，唐太宗对侍从的大臣们说：“我每天夜里总想着民间的事情，有时到半夜还睡不着。就是担心都督、刺史能否安抚百姓。所以在屏风上记下他们的姓名，坐着躺下都可看看，他们在任上如果做了好事，也都记在他们的名下。我住在深宫之中，看不到也听不见远处，所依靠的就是都督、刺史。这些地方长官实在是关

① 寐(mèi 妹)：睡眠。

系到国家治乱，特别要选择得力的人。”

贞观六年，太宗谓魏徵曰：“古人云，王者须为官择人，不可造次即用[①]。朕今行一事，则为天下所观；出一言，则为天下所听。用得正人，为善者皆劝；误用恶人，不善者竞进。赏当其劳，无功者自退；罚当其罪，为恶者戒惧。故知赏罚不可轻行，用人弥须慎择。”徵对曰：“知人之事，自古为难，故考绩黜陟，察其善恶。今欲求人，必须审访其行。若知其善，然后用之。设令此人不能济事，只是才力不及，不为大害。误用恶人，假令强干[②]，为害极多。但乱世惟求其才，不顾其行。太平之时，必须才行俱兼，始可任用。”

【翻译】

贞观六年，唐太宗对魏徵说：“古人说过，君主必须根据官职来选择合适的人，不能匆忙任用。我如今办一件事，就被天下人看到；说一句话，就被天下人听到。任用了正直的人，干好事的都得到劝勉；错用了坏人，不干好事的就争相钻营求利。奖赏和功绩相当，没有功劳的就会自动退避；惩罚和罪恶相称，坏人就有所戒惧。由

① 造次：仓猝、急忙。 ② 强干：有才能，办事干练。

此可知赏罚决不可以轻易使用，用人更需要慎重选择。”魏徵对答说：“知人善任这件事，从古以来就是很难的，所以在考核劳绩、决定贬降还是升迁时，要查看他的善恶。如今想找人才，必须仔细察访他的品行。如果了解到真是好的，然后才可任用。假如此人不会办事，只是才力不够，还没有什么大害处。错用了坏人，假使他能力强会办事，那为害就太多了。但在乱世只求有才能，可以不管品行。太平时候，必须才能品行都好，方可任用。”

贞观十一年，治书侍御史刘洎以为左、右丞宜特加精简，上疏曰：“臣闻尚书万机，实为政本，伏寻此选，授任诚难。是以八座比于文昌①，二丞方于管辖②，爰至曹郎③，上应列宿④，苟非称职，窃位兴讥。伏见比来尚书省诏敕稽停，文案壅滞，臣诚庸劣，请述其源。贞观之

---

① 八座：隋唐时尚书省的左右仆射和六部尚书的合称。文昌：中国古代天文中，紫微星垣里有六颗星，合称文昌宫。② 二丞：尚书左丞、右丞。管辖：管是钥匙，辖是插在古代车轴外面的防止车轮脱落的东西。因而后人把管辖作管领、掌管用。③ 曹郎：尚书省六部，每部有四个司，也叫曹司，曹郎是司的长官郎中和副长官员外郎的统称。④ 宿（xiù 秀）：星的位次。

初，未有令、仆，于时省务繁杂，倍多于今。而左丞戴胄、右丞魏徵，并晓达吏方，质性平直，事应弹举，无所回避。陛下又假以恩慈，自然肃物。百司匪懈，抑此之由。及杜正伦续任右丞，颇亦厉下。比者纲维不举，并为勋亲在位，器非其任，功势相倾。凡在官寮，未循公道，虽欲自强，先惧嚣谤①。所以郎中予夺，惟事咨禀；尚书依违，不能断决。或纠弹闻奏，故事稽延，案虽理穷，仍更盘下。去无程限，来不责迟，一经出手，便涉年载。或希旨失情，或避嫌抑理。勾司以案成为事了，不究是非；尚书用便僻为奉公，莫论当否。互相姑息，惟事弥缝。且选众授能，非才莫举，天工人代②，焉可妄加？至于懿戚元勋，但宜优其礼秩，或年高及耄③，或积病智昏，既无益于时宜，当置之以闲逸。久妨贤路④，殊为不可。将救兹弊，且宜精简尚书左右丞及左右郎中⑤。如并得人，自然纲维备举，亦当矫正趋竞，岂惟息其稽滞哉！"疏奏，寻以洎为尚书左丞。

① 嚣（xiāo 肖）：吵闹。 ② 天工人代：这是说尚书省里的官员是代替上天在办事。 ③ 耄（mào 帽）：七十岁叫耄，也有一种说法是八十、九十岁叫耄。 ④ 贤路：进用贤能的途径。 ⑤ 左右郎中：左、右司郎中，分别为尚书左、右丞的助手。

【翻译】

贞观十一年，治书侍御史刘洎认为尚书左、右丞的人选应当特别精心挑选，上疏说："臣知道尚书省日理万机，是施政的中枢，这里人员的选用任命，确实很不简单。所以左、右仆射和六部长官好比是天上文昌官内的众星，左右二丞好像是锁管车辖，这些官员以及下至曹郎，也与上天的星宿相应，如果不能称职，占了位置会引起讥评。我看到近来尚书省承受诏敕后搁下来不迅速执行，文书案卷堆积不及时处理，我虽庸劣无能，也请让我讲一讲这种现象的由来。在贞观初年，没有任命尚书令和左右仆射，当时尚书省里公务繁杂，比今天成倍多多，左丞戴胄、右丞魏徵，都办事熟练，公平正直，有问题就予以指责，从不回避。陛下对他们又信任爱护，自然能使纲纪整肃。各个部门之所以不敢懈怠，就是任人得当的缘故。到杜正伦继任右丞，也能够对下面严格要求。近来之所以纲纪不整，都是由于勋旧亲戚占据了位置，既无才能胜任，又凭功勋依仗势力互相倾轧。其他官僚，也不能秉公办事，即使想有所振作，首先便害怕争吵毁谤。所以一般事务都由郎中定夺，遇到难事就都向上面请示；尚书也模棱两可，不能决断，有些纠察弹劾的案件应该上奏，也故意拖延，事情虽已弄得很清楚，仍然对下属盘诘。公文发出去没期限，复文来迟了也不指责，事情一经交办，就拖上成年累月。有的只迎合上边的旨意而不考虑是否和实情相符，有的为了避免嫌疑而不管是否在理。办案的部门只求办成就了事，不追究是非；尚书把逢迎谄媚作为奉公守法，不管对错，互相姑息，有了问题但求掩盖。而且官职应该从众人中选拔有才能的授予，没有才能就不应举荐，官是代上天办事，怎能随便叫人来做？至于亲戚元勋，只能给他们优厚的礼遇，他们有的高年老耄，有的久病昏聩，在当前既已作不出贡献，就应让他们休息去安度晚年，让他们长期在位阻碍贤能的人进用，极不合适。为纠正这类弊端，先应精心挑选尚书左、右丞和左、右郎中，如果都用上称职的人，自然纲纪确立，还能纠正那种奔走争官做的歪风，岂止是解决办事拖拉啊！”奏章送了上去，不久便派刘洎做尚书左丞。

封建第八篇

《封建》篇凡二章，这里选译其中一章。所谓封建，这里是指古代帝王分封宗室建立诸侯国的封建。它是贞观年间唐太宗择官的一个特殊问题，这里暴露了唐太宗落后的政治观，是他的阶级局限，为私利所蔽的集中反映。自秦汉后，历代封建统治者为了巩固中央集权的统治，对分封制不断改革，封国权力、地位越削越小，乃至出现了有名无实的虚封，这是历史发展的必然趋势。贞观初，唐太宗虽曾改变过一些李渊于武德年间过滥、缘私分封宗室与功臣的弊端，但纵观唐太宗从贞观元年“始议封建”到贞观十三年“诏停封建”，十余年中君臣多次进行激烈的争论。建议者仅萧瑀，支持者仅唐太宗，而反对者则包括魏徵、李百药、马周、于志宁等一大批大臣，每次争议都增加反对者，最后连被世封的功臣也联名反对。唐太宗一生处世行事，从未遭到如此众多大臣的抵制，也从未见他拒纳如此集中的谏诤。幻想中的“封建亲贤”、“子孙长久之道”和李姓的私利，使这位名震一时的“明君”变得如此不清醒，几乎到了至死不悟的程度，这是我们读史时应当注意的。

贞观元年，封中书令房玄龄为邗国公[①]，兵部尚书杜如晦为蔡国公，吏部尚书长孙无忌为齐国公，并为第一等，食邑实封一千三百户。皇从父淮安王神通上言[②]：“义旗初起，臣率兵先至，今玄龄等刀笔之人[③]，功居第一，臣窃不服。”太宗曰：“国家大事，惟赏与罚。赏当其劳，无功者自退；罚当其罪，为恶者咸惧。则知赏罚不可

---

① 邗(hán 汗)：春秋时有邗国，在今江苏扬州。 ② 从父：父亲的兄弟，包括堂兄弟以及其他同族兄弟，李神通是太宗曾祖的孙儿，是太宗的叔父。 ③ 刀笔之人：纸通行前常用毛笔在竹木简上写字，写错了用刀刮，刀笔之人就是指舞文弄墨的人。

轻行也。今计勋行赏，玄龄等有筹谋帷幄、画定社稷之功①，所以汉之萧何②，虽无汗马，指踪推毂③，故得功居第一。叔父于国至亲，诚无爱惜，但以不可缘私滥与勋臣同赏矣！”由是诸功臣自相谓曰：“陛下以至公，赏不私其亲，吾属何可妄诉。”初，高祖举宗正籍，弟侄、再从、三从孩童已上封王者数十人④。至是，太宗谓群臣曰：“自两汉已降，惟封子及兄弟，其疏远者，非有大功如汉之贾、泽⑤，并不得受封。若一切封王，多给力役⑥，乃至劳苦万姓，以养己之亲属。”于是宗室先封郡王其间无功者，皆降为县公。

【翻译】

贞观元年，唐太宗封中书令房玄龄为邗国公，兵部尚书杜如晦为蔡国公，吏部尚书长孙无忌为齐国公，都列为第一等，食邑实封一千三百户。太宗的堂叔淮安王

---

① 帷幄：军中的营帐。 ② 萧何：汉高祖的开国大功臣。 ③ 指踪：指出野兽的踪迹叫猎狗去捉，比喻制订策略。推毂（gǔ 谷）：毂是车轮中心的圆木，推毂是推车前进，比喻推荐人才。 ④ 再从、三从：同祖的叫从，同曾祖的叫再从，同高祖的叫三从。 ⑤ 贾、泽：汉高祖的同祖从兄刘贾和同曾祖从兄刘泽，都在统一战争中立过大功。 ⑥ 力役：服劳役，当时要拨一定人数的百姓给封王服役。

李神通上奏道："在太原初举义旗时，我便带兵首先赶来响应，如今房玄龄等都是舞文弄墨的文人，却功居第一等，我私下不服。"太宗说："国家大事，只在赏罚。所赏的人和他的功劳相当，无功的人自然退避不争；所罚的人和他的恶行相当，干坏事的人都会感到畏惧。可知赏罚不能轻率施行。如今按功行赏，房玄龄等有运筹帷幄、策划安定社稷的功勋，正如汉代的萧何，虽没有汗马战功，但能制订策略推荐贤能，所以应该功居第一。叔父是国家至亲，要封赏我当然无所吝惜，但不能因为亲私关系就滥与功勋大臣同样封赏！"因此功臣们相互称赞说："陛下极端公平，封赏不偏袒亲属，我们怎可以胡乱申诉。"当初，高祖根据宗正所管的宗室名册，在弟弟、侄儿、同曾祖、同高祖的儿童以上的人中共封了几十个王。至此，太宗对臣下们说："从两汉以来，只封皇子和兄弟，宗室中疏远的，除非有大功如像汉代的刘贾、刘泽那样，统统不得受封。如果所有的宗室都封王，要给他们多拨力役，就会造成劳苦万民，来供养自己的亲属。"于是先前封了郡王的宗室中没有功劳的，都被降封为县公。

太子诸王定分第九篇

《太子诸王定分》篇凡四章，这里选译一章。第四卷包括九、十、十一、十二四篇，内容都是围绕储君太子的，封建社会中的皇权，是以家天下的形式表现出来的，集中反映了它的阶级局限性、落后性。皇权的更替，包括唐王朝和唐太宗在内，都是残酷的勾心斗角的争权夺利的丑恶表演。因而这一卷的内容，更多地反映出“贞观之治”中的阴暗面。

这篇所谓“太子诸王定分”，就是探讨封建社会中怎样确定一种名正言顺的储君传位法则，以“长久之法，使万代遵行”。解决的办法，无非是立嫡立长，早有定分，以绝觊觎之心，这就是唐太宗寻求的“当今国家何事最急”的答案。他十分欣赏褚遂良的回答：“太子、诸王，须有定分，陛下宜为万代法以遗子孙，此最当今日之急。”然而，不管唐太宗和他的臣下怎样绞尽脑汁寻求出路，终太宗之世，这仍然是一个威胁唐王朝的致乱之源，他们是没有办法解决的。

贞观十一年，侍御史马周上疏曰：“汉、晋以来，诸王皆为树置失宜，不预立定分，以至于灭亡。人主熟知其然，但溺于私爱，故前车既覆而后车不改辙也。今诸王承宠遇之恩有过厚者，臣之愚虑，不惟虑其恃恩骄矜也。昔魏武帝宠树陈思①，及文帝即位，防守禁闭，有同狱囚，以先帝加恩太多，故嗣王从而畏之也。此则武帝之宠陈思，适所以苦之也。且帝子何患不富贵，身食大国，封户不少，好衣美食之外，更何所须？而每年别加优赐，曾无纪极。俚语曰：‘贫不学俭，富不学奢。’言自然也②。今陛下以大圣创业，岂惟处置见在子弟而已，当须制长久

① 陈思：魏武帝曹操的第三个儿子曹植，很有才华，为曹操所宠爱，二哥文帝曹丕即位后备受猜忌。他被封为陈王，死后谥思，所以也被称为陈思王或陈思。 ② 俚语曰……言自然也：这是说对皇子加恩太多，会使他们自然而然地越加恃恩骄矜。

之法，使万代遵行。”疏奏，太宗甚嘉之，赐物百段。

【翻译】

贞观十一年，侍御史马周上疏说：“汉、晋以来，所分封诸王都因为给的权势过了头，不及早确立名分，以至于灭亡。君主很清楚这种情况，但沉溺于私爱，因而前车已翻掉，后车还不改道。如今诸王所受到的恩宠有太过头的，我所忧虑，还不仅忧虑他们恃恩骄矜。从前魏武帝曹操宠爱抬高陈思王曹植，到文帝曹丕即位后，对陈思王防守禁闭，等于监狱里的囚犯，就由于老皇帝加恩太多，继位的君主从而害怕他。这就说明魏武帝的宠爱陈思王，正是害了他啊！而且皇帝的儿子何愁不富贵，身封大国，食邑户数不少，穿好吃好之外，还需要什么？可仍每年另外给予优厚的赏赐，全无规定限制。俗话说：‘穷了不用学节俭，富了不用学奢侈。’这是自然而然的道理。如今陛下以大圣创业，难道仅仅是处理安置现在的子弟，还该制定长远的办法，让万世遵照执行。”疏奏上后，太宗很赞许，赏赐绢帛百段。

尊敬师傅第十篇

《尊敬师傅》篇凡六章，这里选译其中二章。这里的“尊敬师傅”，不是一般意义上的尊师，而是专为帮助太子做好继承皇位而做的准备工作，即唐太宗所说：“自古嫡庶无良佐，何尝不倾败家国。公等为朕搜访贤德，以辅储宫，爰及诸王，咸求正士。”这里所要求的师傅，是要求让“太子有所取则”的规范，要学会“可以临兆民”的本领，要“为太子陈君臣父子之道，问寝视膳之方”，要像周公旦、召公奭去教导幼小的周成王一样，“左右皆贤，日闻雅训，足以长仁益德，使为圣君。”而决不能像秦之胡亥，“用赵高作傅，教以刑法，及其嗣位，诛功臣，杀亲族，酷暴不已，旋踵而亡。”唐太宗总结了这些历史经验以后，要求大臣“可访正直忠信者，各举三两人，为太子、诸王精选师傅，令其式瞻礼度，有所裨益。”而对李纲、王珪、刘洎等人，唐太宗认为是比较合格、称职的师傅人选，并要求他的儿子们见师傅“如见我面，宜加尊敬，不得懈怠。”

贞观八年，太宗谓侍臣曰：“上智之人①，自无所染；但中智之人无恒，从教而变，况太子师保②，古难其选。成王幼小，周、召为保傅。左右皆贤，日闻雅训，足以长仁益德，使为圣君。秦之胡亥③，用赵高作傅，教以刑法，及其嗣位，诛功臣，杀亲族，酷暴不已，旋踵而亡④。故知人之善恶诚由近习。朕今为太子、诸王精选师傅，令其式瞻礼度⑤，有所裨益。公等可访正直忠信者，各举三两人。”

---

① 上智之人：天生的圣人。 ② 师保：古人教导太子，有师有保。唐时设有太子太师、太子太傅、太子太保，都是从一品，太子少师、太子少傅、太子少保，都是从二品，这些辅导太子的官员一般由德高望重的大臣兼任，没有合适的人选可以空缺。 ③ 胡亥：即秦二世。 ④ 旋踵（zhǒng 肿）：踵是脚后跟，旋踵在这里是转足之间的意思，形容快速。 ⑤ 式：向某种榜样学习叫式。瞻：瞻仰，尊敬地观看叫瞻仰。

【翻译】

贞观八年，唐太宗对侍从的大臣们说："上等智慧的圣人，当然不会沾染恶习；但中等智慧的人不稳定，随着教育而起变化，况且太子的师傅，在古代就很难挑选。周成王即位时年纪幼小，周公、召公做他的太保太傅，左右都是贤人，每天听到有益的教诲，足以增长他的仁义道德，使他成为圣君。秦二世胡亥，用赵高做师傅，教他刑法，到他继位后，就诛戮功臣，屠杀亲族，残酷暴虐到极点，结果很快就灭亡了。由此可知人的善恶确实受身边近臣的影响。我如今要给太子、诸王精心挑选师傅，让他们观看学习礼仪法度，有所补益。你们可访求正直忠信的人，各自推荐三两人。"

贞观十七年，太宗谓司徒长孙无忌、司空房玄龄曰："三师以德道人者也①。若师体卑，太子无所取则。"于是诏令撰太子接三师仪注②：太子出殿门迎，先拜三师，三师答拜，每门让三师。三师坐，太子乃坐。与三师书，前名惶恐③，后名惶恐再拜④。

---

① 三师：即太子太师、太傅、太保。 ② 仪注：礼仪细则。 ③ 惶恐：惊惶恐惧，这里是写信时用的谦词。 ④ 再拜：拜了又拜。

【翻译】

贞观十七年，唐太宗对司徒长孙无忌、司空房玄龄说："三师是以德行来教导太子的人。如果三师的身份卑下，太子就没有学习的榜样。"于是下诏叫编撰太子接待三师的礼仪细则：太子要走出殿门迎接，先礼拜三师，然后三师答拜，每当过门时要让三师在前。三师坐下后，太子才能坐。写给三师的书信，前边称"惶恐"，后边写上"惶恐再拜"。

教戒太子诸王第十一篇

《教戒太子诸王》篇凡七章，这里选译二章。这一篇是继前篇之后讨论教戒太子及诸王继承王业应该注意的一些事情。这里虽也讲到一些诸如“人之立身，所贵者惟在德行，何必要论荣贵”、“君子小人本无常，行善事则为君子，行恶事则为小人，当须自克励，使善事日闻，勿纵欲肆情，自陷刑戮”、“卿等辅导太子，常须为说百姓间利害事”等等冠冕堂皇的漂亮话，然而中心主旨则是教戒太子诸王维护李唐王朝的长治久安。李世民特命魏徵辑录古来帝王子弟成败事，名为《自古诸侯王善恶录》，以赐诸王，算是教戒太子诸王的专门教材。魏徵在序言中说：

"欲使见善思齐，足以扬名不朽，闻恶能改，庶得见乎大过。从善则有誉，改过则无咎。兴亡是系，可不勉欤?"

贞观七年，太宗谓太子左庶子于志宁、杜正伦曰："卿等辅导太子，常须为说百姓间利害事。朕年十八，犹在民间，百姓艰难，无不谙练。及居帝位，每商量处置，或时有乖疏，得人谏诤，方始觉悟。若无忠谏者为说，何由行得好事？况太子生长深宫，百姓艰难，都不闻见乎？且人主安危所系，不可辄为骄纵。但出敕云，有谏者即斩，必知天下士庶无敢更发直言。故克己励精，容纳谏诤，卿等常须以此意共其谈说，每见有不是事，宜极言切谏，令有所裨益也。"

【翻译】

贞观七年，唐太宗对太子左庶子于志宁、杜正伦说："他们辅导太子，平常应该给他讲说百姓间有利有害的情况。我在十八岁时，还在民间，百姓的艰难困苦，无不熟悉。到了登上帝位，每逢商量处理事情，有时还出现错误疏漏，由于得到别人的谏诤，方才觉悟。如果没有忠心谏诤的人对我直言进谏，如何能办得好事呢？何况太子长期生长在深宫之中，百姓的艰难困苦都看不见听不到呢？而且君主是关系到天下安危的人，不能动辄骄奢放纵。只要发个敕命说有敢谏诤的就杀头，那么可以肯定天下官员百姓没有谁敢再讲真话。所以要克制私欲，振作精神，容纳别人的忠言直谏。你们应该经常把这些道理讲给太子听，每当看到他有做得不对的地方，应该极言切谏，使他能受到补益。”

贞观十八年，太宗谓侍臣曰：“古有胎教世子①，朕则不暇。但近自建立太子②，遇物必有诲谕。见其临食将饭，谓曰：‘汝知饭乎？’对曰：‘不知。’曰：‘凡稼穑艰难③，皆出人力，不夺其时，常有此饭。’见其乘马，又谓曰：‘汝知马乎？’对曰：‘不知。’曰：‘能代人劳苦者也，以时消息④，不尽其力，则可以常有马也。’见其乘舟，又谓曰：‘汝知舟乎？’对曰：‘不知。’曰：‘舟所以比人君，水所以

---

① 胎教：我国古代对胎儿要进行教育，叫胎教。周文王的母亲大任怀胎时，目不视恶色，耳不听淫声，口不出傲言，结果生下了周文王这样的圣明之君。据研究，这种胎教是有一定科学因素的。世子：也就是太子。 ② 建立太子：贞观十七年废掉原来的太子李承乾，改立李治（也就是后来的唐高宗）为太子。贞观十八年，李治只有十七岁，还比较幼稚。 ③ 稼穑（sè 啬）：稼是播种谷物，穑是收获谷物。 ④ 消息：本是一消一长，互为更替的意思，用在这里指马有劳有逸。语出《易·丰卦》。

比黎庶，水能载舟，亦能覆舟。尔方为人主，可不畏惧！’见其休于曲木之下，又谓曰：‘汝知此树乎？’对曰：‘不知。’曰：‘此木虽曲，得绳则正，为人君虽无道，受谏则圣，此傅说所言①，可以自鉴。’”

【翻译】

贞观十八年，唐太宗对侍从的大臣们说：“古时候有胎教世子的说法，我却没有时间考虑这事。但最近自建立太子以来，遇到事物都要对他教诲晓谕。见他对着饭菜准备吃饭时，便问他：‘你知道饭是怎样来的吗？’回答说：‘不知道。’我说：‘凡是播种、收获的农事都很艰难辛苦，全靠农民努力务农，不去占用他们劳作的时间，才常有这样的饭吃。’看到他骑马，又问他：‘你知道马是怎样来的吗？’回答说：‘不知道。’我说：‘这是能够替人代劳的东西，要使它既劳作又得到休息，不耗尽气力，这样就可以常有马骑。’看到他乘船，又问他：‘你知道船是怎样运行的吗？’回答说：‘不知道。’我说：‘船好比君主，水好比是百姓，水能浮载船，也能推翻船，你不久将做君主了，能不畏惧！’看到他在弯曲的树下休息，又问他：‘你

① 傅说（yuè 月）所说：《伪古文尚书·说命》说傅说对殷高宗讲：“惟木从绳则正，后从谏则圣。”后指君主。

知道这弯曲的树如何能正直吗?’回答说:‘不知道。’我说:‘这树虽然弯曲,打上墨线就可以正直成材。做君主的虽然有时做出一些荒唐的事,但是虚心接受谏诤就可以圣明,这是傅说讲的道理,可以对照自己作为鉴诫。’”

规谏太子第十二篇

《规谏太子》篇凡四章，这里选译一章。这一篇的内容更明确地针对太子一人了，所列四章是讲大臣李百药、于志宁、孔颖达、张玄素等谏规太子承乾的长篇言论及撰作的。贞观年间，唐太宗在确定太子储君的过程中，先后经历了李承乾被废、魏王李泰被黜、晋王李治被立诸事件，长期陷入废立太子的烦恼问题中。嫡长子李承乾在文治、纳谏、用人等诸方面都不符太宗所望，被疏是理所当然的，进而酿成太子党的政变阴谋，终至被废贬死。这里选载的以李百药《赞道赋》为代表的谏书，当时唐太宗十分赏识，称之为“述古来储贰事以戒太子，甚是典要。”它较为详明地叙述了周秦以来储贰方面正反两方面的教训，“足可以省厥休咎，观其得失。”这些上书与于志宁《谏苑》、孔颖达《孝经义疏》等同被视为规谏太子的好教材而收进了《贞观政要》等书中。

贞观中，太子承乾数亏礼度，侈纵日甚。太子左庶子于志宁撰《谏苑》二十卷讽之。是时太子右庶子孔颖达每犯颜进谏，承乾乳母遂安夫人谓颖达曰：“太子长成，何宜屡得面折？”对曰：“蒙国厚恩，死无所恨。”谏诤愈切。承乾令撰《孝经义疏》①，颖达又因文见意，愈广规谏之道。太宗并嘉纳之，二人各赐帛五百匹②，黄金一斤，以励承乾之意。

【翻译】

贞观年间，太子承乾屡次违犯礼仪法度，一天比一天奢侈放纵。太子左庶子于志宁撰写了《谏苑》共二十

① 《孝经义疏》：《孝经》是战国后期人撰写的讲孝道的书，当时和《论语》都作为青年学生的中级教材，宋以后列为《十三经》之一。义疏也就是疏，是对正文和旧注的解释。

② 匹：古代四丈为一匹。

卷对他劝告。当时太子右庶子孔颖达经常冒犯威严进行谏诤,承乾的乳母遂安夫人对孔颖达说:“太子已长大成人,怎好屡次当面指摘他?”孔颖达回答说:“蒙受国家的厚恩,即使死也无怨恨。”谏诤得更加激切。承乾叫孔颖达撰写《孝经义疏》,孔颖达又通过经文表达自己的意见,获得了更多的劝谏机会。太宗对此都很称赏,赏赐这两位帛各五百匹,黄金各一斤,借此来激励承乾。

仁义第十三篇

《仁义》篇为第五卷第一篇，它与本卷其他各篇《忠义》、《孝友》、《公平》、《诚信》都是从一般意义上宣传封建道德的，也可以说是贞观之治不可缺少的内容。《仁义》篇计四章，篇幅很短，这里选译三章。本篇主要是摆出唐太宗认为应该广修仁义的一些基本观点："古来帝王以仁义为治者，国祚延长"，"林深则鸟栖，水广则鱼游，仁义积则物自归之。"并总结历史教训说："隋炀帝岂为甲仗不足，以至灭亡，正由仁义不修，而群下怨叛故也。""人无常俗，但政有治乱"，"任法御人者，虽救弊于一时，败亡亦促。"甚至认为"行仁义则灾害不生"。这些议论虽也围绕李唐王室的长治久安这个中心，但显得比较空泛。

贞观二年，太宗谓侍臣曰："朕谓乱离之后，风俗难移，比观百姓渐知廉耻，官民奉法，盗贼日稀，故知人无常俗，但政有治乱耳。是以为国之道，必须抚之以仁义，示之以威信，因人之心，去其苛刻，不作异端①，自然安静。公等宜共行斯事也！"

【翻译】

贞观二年，唐太宗对侍从的大臣们说："我原来认为在乱离以后，民间风俗习惯很难改变，近来观察到百姓逐渐懂得廉洁和羞耻，官员庶民都能遵守法纪，盗贼一天比一天稀少，因而知道百姓没有不变的风俗习惯，只是在施政方面有治和乱的区别而已。所以治理国家的办法，必须用仁义来抚慰百姓，同时还要显示出威信，顺应民心，废除苛刻的法令，不搞背离正道的东西，社会自然会平定安静。你们应该共同来做好这件事。"

---

① 异端：背离正道的叫异端。

贞观四年，房玄龄奏言："今阅武库甲仗[1]，胜隋日远矣。"

太宗曰："饬兵备寇虽是要事[2]，然朕唯欲卿等存心理道，务尽忠贞，使百姓安乐，便是朕之甲仗。隋炀帝岂为甲仗不足，以至灭亡，正由仁义不修，而群下怨叛故也。宜识此心。"

【翻译】

贞观四年，房玄龄上奏说："最近检查武器库里的铠甲兵仗，已远远胜过隋朝时候了。"

唐太宗就说："整修兵器防御寇乱，虽然是紧要的事情，但我主要要求你们用心于治国之道，务必各自竭尽忠贞，使老百姓安居乐业，这就是我的铠甲兵仗。隋炀帝难道是因为铠甲兵仗不足，以至于灭亡，正是由于不修仁义，而下边的人怨恨叛离的结果。你们应该理解我这个心意。"

贞观十三年，太宗谓侍臣曰："林深则鸟栖，水广则鱼游，仁义积则物自归之[3]。人皆知畏避灾害，不知行仁

---

① 武库：贮备军用器械的地方。甲：铠甲。仗：兵仗，武器。 ② 饬（chì 斥）：整顿，修整。 ③ 物：在这里指百姓。

义则灾害不生。夫仁义之道，当思之在心，常令相继，若斯须懈怠[1]，去之已远。犹如饮食资身，恒令腹饱，乃可存其性命。”王珪顿首曰：“陛下能知此言，天下幸甚！”

【翻译】

贞观十三年，唐太宗对侍从的大臣们说：“树大林深就有鸟飞来栖集，水域深广就会有鱼来游息，施仁行义的事多做些，百姓就自动归顺。人们都知道害怕而逃避灾害，却不知道施行仁义灾害就不会产生。这种仁义之道，应该经常放在心上考虑，要不间断地相继推行下去，如果片刻懈怠，就会远离仁义之道。这好比用饮食来滋养身体，要让肚子经常吃饱，才能维持生命。”王珪叩头说：“陛下能知道这些道理，真是天下的大幸啊！”

---

① 斯须：须臾，片刻。

忠义第十四篇

《忠义》篇凡十四章，这里选译一章。本篇与下篇《孝友》是作为对臣下百姓提出的两条最重要的封建道德要求。在本篇中，唐太宗立意要表彰宣传一切对君王愚忠的言行。如冯立之对于隐太子、姚思廉之对于隋代王，都被认为是值得嘉许的。就连唐太宗贞观十九年久攻辽东安市城不下，也要“嘉安市城主坚守臣节，赐绢三百匹，以劝励事君者”。同时还一再下令表彰历代那些“固守忠义，克终臣节”的官吏及其子孙，以此鼓励当代和后世一切臣民誓死效忠君王。当然，封建君臣在对“忠义”涵义的理解上还是有出入的，如唐太宗十分欣赏春秋战国时卫懿公的臣子弘演，此人竟忠义到“自出其肝，而内懿公之肝于其腹中”的程度。他感慨地说：“今觅此人，恐不可得。”而魏徵则认为忠义应是君臣双方面的事，他以当年豫让之语对之：“臣昔事范、中行，范、中行以众人遇我，我以众人报之。智伯以国士遇我，我以国士报之。”所以“在君礼之而已，亦何谓无人焉”。这是魏徵替唐太宗设计的培育忠臣的出路。

贞观十二年，太宗谓中书侍郎岑文本曰：“梁、陈名臣，有谁可称？复有子弟堪招引否？”文本奏言：“隋师入陈①，百司奔散，莫有留者，惟尚书仆射袁宪独在其主之傍。王世充将受隋禅②，群僚表请劝进，宪子国子司业承家托疾独不署名③。此之父子，足称忠烈。承家弟承序今为建昌令④，清贞雅操，实继先风。”由是召拜晋王

① 隋师入陈：公元588年隋文帝派晋王杨广为统帅，南下进攻陈朝，次年灭陈，全国统一。 ② 王世充将受隋禅：隋炀帝杨广在江都被杀，王世充在洛阳拥立杨广孙越王杨侗为皇帝，第二年胁迫杨侗禅位，让他自己做皇帝。 ③ 国子司业：国子监的副主管官员。 ④ 建昌：今江西永修。令：县令。

友[1]，兼令侍读，寻授弘文馆学士[2]。

【翻译】

贞观十二年，唐太宗对中书侍郎岑文本说："梁、陈两朝有名望的大臣，有谁可以值得称道？他们还有子弟可以推荐任用吗？"岑文本启奏道："隋军攻入陈朝时，陈朝百官逃奔散离，没有留下来的，只有尚书仆射袁宪独自留在他的主子身边。王世充将要接受隋越王杨侗的禅让，百官纷纷上表劝他当皇帝，只有袁宪的儿子国子司业袁承家借口有病未在劝进表上签名。这样的父子，足可称为忠烈。袁承家的弟弟袁承序，现在做建昌县令，为官清廉，情操雅正，真能继承父兄的风骨。"于是召进袁承序任命为晋王友，并叫他陪侍指导晋王读书，不久又升任他为弘文馆学士。

---

① 晋王：李治在成为皇太子前曾被封为晋王。友：王府的高级辅佐官。 ② 弘文馆学士：弘文馆是属于门下省的文化机构，学士是馆里的高级官员。

孝友第十五篇

《孝友》篇凡五章，这里选译其中三章。它与《忠义》篇是姊妹篇，忠、孝两条，历来被视为封建道德中的最高标准，而孝顺父母则又是完全为忠于君王打基础、做准备。这里唐太宗嘉奖房玄龄事继母、虞世南友其兄世基、韩王元嘉为母太妃发丧哀毁过礼、霍王元轨为高祖崩毁瘠过礼、示终身之戚，以至所谓“仁孝之性，岂隔华夷?”表彰突厥史行昌等，都是为了倡导封建伦理道德，以维护封建秩序，巩固封建统治。如果把这种提倡愚忠、愚孝的说教与他们在争夺封建统治最高权力时赤裸裸地不顾一切地互相拼杀的情景对照一下，正是一幅绝妙的讽刺画。

司空房玄龄事继母，能以色养[①]，恭谨过人。其母病，请医人至门，必迎拜垂泣。及居丧[②]，尤甚柴毁[③]。太宗命散骑常侍刘洎就加宽譬，遗寝床、粥食、盐菜。

【翻译】

司空房玄龄侍奉继母，能够顺承脸色，恭敬谦谨超过一般人。继母生病时，请医生上门，他每次都流泪迎拜。到居丧期间，更是悲伤过度骨瘦如柴。太宗叫散骑常侍刘洎前往宽慰劝解，并送去寝床、粥食和盐菜。

虞世南，初仕隋，历起居舍人[④]。宇文化及杀逆之际[⑤]，其兄世基时为内史侍郎[⑥]，将被诛，世南抱持号泣，请以身代死，化及竟不纳。世南自此哀毁骨立者数载，时人称重焉。

【翻译】

虞世南，起初在隋朝做官，做到起居舍人。宇文化

① 色养：服侍父母能顺承脸色。 ② 居丧：在直系亲长丧期之中叫居丧。 ③ 柴毁：瘦得像柴一样。 ④ 起居舍人：记录皇帝言行的官员。 ⑤ 宇文化及杀逆：指宇文化及杀死隋炀帝。 ⑥ 内史侍郎：隋改中书省为内史省，内史侍郎就是中书侍郎，是内史省的副长官。

及杀死隋炀帝的时候，他的哥哥虞世基任内史侍郎，将被诛杀，虞世南抱着哥哥号啕痛哭，请求自己代替哥哥去死，宇文化及却不同意。虞世南从此悲痛毁伤，瘦得只剩骨架有好几年，被当时人所尊重推崇。

贞观中，有突厥史行昌直玄武门①，食而舍肉，人问其故，曰："归以奉母。"太宗闻而叹曰："仁孝之性，岂隔华夷？"赐尚乘马一匹②，诏令给其母肉料。

【翻译】

贞观年间，有个突厥人史行昌在玄武门当值，吃饭时留下肉不吃，别人问他什么原因，他说："带回家去奉献给母亲。"唐太宗听到这事后感叹地说："仁孝之本性，哪会因汉人和少数民族而不同呢？"于是赐他一匹尚乘局的马，还下令叫供给他母亲肉食。

---

① 史行昌：突厥族人，姓阿史那，进入中原后改用汉姓称史，行昌是他的汉名。 ② 尚乘：尚乘局，管理皇室用马的机构。

公平第十六篇

《公平》篇凡八章，这里选译五章。本篇所讲的内容，不同于忠、孝之类，主要针对臣下百姓的臣道，主要讲的是君道。所谓公平，当然离不开封建道德的标准，不过还有一定的积极意义。比如唐太宗宣称："君人者，以天下为公，无私于物。用人但问堪否，岂以新故异情？"具体在处理上封事者请秦府旧兵并授以武职时，能坚持"惟有才行是任"的原则。在处理长孙无忌佩刀入阁问题时，认为"法者非朕一人之法，乃天下之法，何得以无忌国之亲戚，便欲挠法耶？"甚至在牵涉内宫太后、公主的时候，也能接受魏徵"若令公主之礼有过长公主，理恐不可"的意见。这种不徇私情的言行，对一个封建君王来说确是难能可贵的。

太宗初即位，中书令房玄龄奏言："秦府旧左右未得官者，并怨前宫及齐府左右处分之先己①。"太宗曰："古称至公者，盖谓平恕无私。丹朱、商均，子也，而尧、舜废之②。管叔、蔡叔，兄弟也，而周公诛之③。故知君人者，以天下为公，无私于物。昔诸葛孔明，小国之相，犹曰'吾心如称④，不能为人作轻重'，况我今理大国乎？朕与公等衣食出于百姓，此则人力已奉于上，而上恩未被于下，今所以择贤才者，盖为求安百姓也。用人但问堪否，岂以新故异情？凡一面尚且相亲，况旧人而顿忘也！才若不堪，亦岂以旧人而先用？今不论其能不能，而直言其嗟怨，岂是至公之道耶？"

---

① 前宫及齐府：前宫指前太子建成的东宫和前齐王元吉的齐府。处分：用在这里是处理、安排的意思。 ② 丹朱、商均……尧、舜废之：传说尧知道儿子丹朱不肖，把天下传给舜；舜知道儿子商均不肖，把天下传给禹。 ③ 管叔、蔡叔……周公诛之：管叔、蔡叔都是周公的兄弟，周成王即位年幼，管叔、蔡叔联合殷纣王的儿子武庚作乱，被周公诛杀流放。 ④ 称（chèng 秤）：同"秤"。

【翻译】

唐太宗刚即位，中书令房玄龄上奏说：“秦王府老部下没有做上官的，都埋怨前太子宫和齐王府的部下比自己先安排了官职。”太宗说：“古时候所谓的大公无私，是指宽容公正而无私心。丹朱、商均，分别是尧和舜的儿子，而尧、舜却把他们废掉；管叔、蔡叔，都是周公的兄弟，而周公却把他们杀掉。由此可知做治理百姓的君主，要以天下为公，不偏私个人。从前诸葛孔明，只是小国的丞相，还说‘我的心好像一杆秤那样公平，不能因人而言轻重’，何况我如今治理一个大国？我与你们的衣食出自百姓，这就是说百姓的人力已奉献给上边，而上边的恩泽还没有遍及下边，如今所以要选择贤才，就是要求能安抚百姓。用人只问是否有能力胜任，怎能以新旧人事关系而不一样对待？凡是见过一面的人尚且感到亲近，何况对旧的下属怎会一下子忘掉！如果才能不堪胜任，也怎能因为是旧的下属而先任用？如今不论他们能不能胜任，而直说他们有怨言，这难道是最公平的吗？”

贞观元年，有上封事者，请秦府旧兵并授以武职，追入宿卫①。太宗谓曰：“朕以天下为家，不能私于一物，惟

① 宿卫：到宫城直宿警卫。

有才行是任，岂以新旧为差？况古人云：‘兵犹火也，弗戢将自焚。①’汝之此意，非益政理。”

【翻译】

贞观元年，有上封事的，请把秦府旧兵都授予武官，调进宫城来值宿警卫。太宗对他说：“我以天下为家，不能偏私于一人。只要有才能德行就任用，怎能按新旧来分别？况且古人说过：‘兵，就像火一样，不收敛要把自己烧死。’你说的这层意思，对治理国家没有好处。”

贞观元年，吏部尚书长孙无忌尝被召，不解佩刀入东上阁门，出阁门后，监门校尉始觉②。尚书右仆射封德彝议，以监门校尉不觉，罪当死；无忌误带刀入，徒二年，罚铜二十斤。太宗从之。大理少卿戴胄驳曰③：“校尉不觉、无忌带刀入内，同为误耳。夫臣子之于尊极，不得称误，准律云：‘供御汤药、饮食、舟船，误不如法者，皆死。’陛下若录其功，非宪司所决；若当据法，罚铜未为得理。”太宗曰：“法者非朕一人之法，乃天下之法，何得以无忌

① 戢（jí 及）：收敛、止息。 ② 监门校尉：当时有左右监门卫，掌管宫殿门禁，校尉是次于将军的武散官。 ③ 大理少卿：主管刑狱的大理寺的副长官。

国之亲戚，便欲挠法耶？”更令定议。德彝执议如初，太宗将从其议，胄又驳奏曰：“校尉缘无忌以致罪，于法当轻，若论其过误，则为情一也，而生死顿殊，敢以固请。”太宗乃免校尉之死。

是时，朝廷大开选举[1]，或有诈伪阶资者，太宗令其自首，不首，罪至于死。俄有诈伪者事泄，胄据法断流以奏之[2]。太宗曰：“朕初下敕，不首者死，今断从法，是示天下以不信矣。”胄曰：“陛下当即杀之，非臣所及，既付所司，臣不敢亏法。”太宗曰：“卿自守法，而令朕失信耶？”胄曰：“法者国家所以布大信于天下，言者当时喜怒之所发耳！陛下发一朝之忿，而许杀之，既知不可，而置之以法，此乃忍小忿而存大信，臣窃为陛下惜之。”太宗曰：“朕法有所失，卿能正之，朕复何忧也？”

【翻译】

贞观元年，吏部尚书长孙无忌有一次被召见时，没有解下佩刀就进入了东上阁门。出阁门后，监门校尉方才发觉。尚书右仆射封德彝拟议论罪，以监门校尉没有发觉，罪当处死；长孙无忌误带刀入内，应处徒刑两年，

---

① 选举：选用荐举人才，和今天的选举不是一个意思。

② 流：流刑，俗称充军，是五刑之一。流放到边远地区。

并罚铜二十斤。唐太宗同意这样处置。大理少卿戴胄反驳说:"校尉没有发觉与长孙无忌带刀入内,同属错误。臣子对于皇上,是不能有过失,按照律文所说:'供皇上用的汤药、饮食、舟船,因错误而不符合规定的,都处死刑。'陛下如果按照长孙无忌的功劳,就不是司法部门所能判决的;如果根据法律,他罚铜就不算合理。"太宗说:"法不是我一个人的法,是天下人的法,怎能因长孙无忌是皇亲国戚,就要曲解法律呢?"叫重新拟议论罪。封德彝坚持原议,太宗准备同意,戴胄又上奏反驳道:"校尉因长孙无忌而获罪,从法律上讲应当从轻处理,如果论他们的过错,那情节是一样的,而一生一死差得那么大,为此坚决请求考虑我的意见。"太宗终于免除了监门校尉的死罪。

这时候,朝廷大力开展选拔荐举人才,有伪造官阶资历的人被发觉,太宗命令他们自首,若不自首,便要判处死罪。不久有人伪造官阶资历的事情泄露了,戴胄根据法律判处流刑并上奏太宗。太宗说:"我当初下令,不自首的要处死刑,如今你依法律判处,这是向天下表示我的话不算数了。"戴胄说:"陛下当时把他杀掉,就不是臣所能管得到的,既然交付主管部门,臣就不敢违反法律。"太宗说:"你自己守法,却叫我失信吗?"戴胄说:"法律是国家用来向天下颁布大信用的,而陛下的话只是凭当时喜怒发出来的。陛下一旦发怒而准许杀他，已经知道不行，而用法律断处，这是克制小怒而存大信。我私下为陛下珍惜这点。”太宗说：“我在法律上有所失误，你能纠正，我还有什么可以担忧的呢？”

贞观二年，太宗谓房玄龄等曰：“朕比见隋代遗老①，咸称高颎善为相者②，遂观其本传，可谓公平正直，尤识治体，隋室安危，系其存没。炀帝无道，枉见诛夷。何尝不想见此人，废书钦叹！又汉、魏已来，诸葛亮为丞相，亦甚平直，尝表废廖立、李严于南中③，立闻亮卒，泣曰：‘吾其左衽矣④！’严闻亮卒，发病而死。故陈寿称‘亮之为政⑤，开诚心，布公道，尽忠益时者，虽仇必赏；犯法怠慢者，虽亲必罚’。卿等岂可不企慕及之？朕今每慕前代帝王之善者，卿等亦可慕宰相之贤者，若如是，则荣名高位，可以长守。”玄龄对曰：“臣闻理国要道，在于公平正直，故《尚书》云：‘无偏无党，王道荡荡。无党无偏，王

① 遗老：前一个朝代留下的旧臣。 ② 高颎（jiǒng 窘）：在隋代有贤相之称，因忠谏而被炀帝冤杀。 ③ 南中：今四川南部和云南、贵州等地，当时是少数民族生活的地方。 ④ 左衽（rèn 认）：衽是衣襟，据说有的少数民族衣衽开在左边，所以常把左衽作为被异族统治，意为亡国。 ⑤ 陈寿（233—297）：《三国志》的作者，这话就见于《三国志·蜀书·诸葛亮传》。

道平平①。'又孔子称'举直错诸枉,则民服②。'今圣虑所尚,诚足以极政教之源,尽至公之要,囊括区宇③,化成天下。"太宗曰:"此直朕之所怀,岂有与卿等言之而不行也?"

【翻译】

贞观二年,唐太宗对房玄龄等人说:"我近来见到隋代的旧臣遗老,都称赞高颎是善于做宰相的人,于是就去翻阅他的本传,此人真可说是公平正直,尤其在治国上能识大体,隋室的安危,跟他的生死很有关系。遇到隋炀帝这样的无道昏君,被冤枉诛杀。我何尝不想见到这样的人,不觉放下书来对他钦仰而叹息。再者,汉、魏以来,诸葛亮做丞相,也非常公平正直,他曾经上表把廖立、李严罢官放逐到南中,后来廖立听到诸葛亮逝世,哭着说:'我们大概要亡国了!'李严听到诸葛亮逝世,也发病而死。所以陈寿称'诸葛亮执政,开诚心、布公道,尽忠国家,在当时做了不少有益于国的事,虽是仇人该赏的也必须奖赏;对违犯法纪玩忽职守的人,虽是最亲近

① 无偏无党……王道平平:这几句话见于《尚书·洪范》。② 举直错诸枉,则民服:这句话见于《论语·为政》。③ 区宇:区是疆域,宇是上下四方。

的人也必须惩罚。’你们难道不仰慕学习他们？我如今常仰慕前代那些贤德的帝王，你们也可仰慕那些贤德的宰相，如果这样，那么荣耀的名声和高贵的地位，就可以长久保持。”房玄龄对答道：“臣听说治理国家的关键，在于公平正直，所以《尚书》说：‘不结党营私，王道就浩浩荡荡，不结党营私，王道就平平坦坦。’还有孔子说‘举用正直的人而废弃邪恶的人，百姓就心服归顺’。如今圣上所推崇的，确实能够找到政教的根本，极尽至公的要义，可以囊括宇内，教化天下。”太宗说：“这正是我所想的，哪能只跟你们说说而不去实行呢？”

刑部尚书张亮坐谋反下狱，诏令百官议之，多言亮当诛，惟殿中少监李道裕奏亮反形未具①，明其无罪。太宗既盛怒，竟杀之。俄而刑部侍郎有阙，令宰相妙择其人，累奏不可。太宗曰：“吾已得其人矣，往者李道裕议张亮云‘反形未具’，可谓公平矣。当时虽不用其言，至今追悔。”遂授道裕刑部侍郎。

① 殿中少监：殿中省主管皇帝的饮食、医药、衣服、车马等事务，监是长官，少监是副长官。反形未具：谋反的迹象不齐备，也就是证据不充分。

【翻译】

刑部尚书张亮坐谋反罪被关进监狱，下诏叫百官拟议怎样惩办，许多人说张亮应该杀头，只有殿中少监李道裕上奏说张亮谋反的证据不足，表白他无罪。唐太宗既而大怒，竟把张亮杀掉。不久刑部侍郎空缺，叫宰相精心选择称职的人，但多次奏上都没被同意。太宗说："我已找到合适的人了，先前李道裕拟议处置张亮时说他谋反证据不足，可说是公平了。我当时没有采用他的意见，至今仍追悔莫及。"于是就任命李道裕为刑部侍郎。

诚信第十七篇

《诚信》篇凡四章，这里选译二章。本篇着重论述应以诚信来调整君臣之间和其他各方面的关系。首先是说君对臣要诚信，唐太宗驳斥了那种“佯怒以试群臣”的意见，说：“君自为诈，欲臣下行直，是犹源浊而望水清，理不可得。”魏徵上疏也强调说：“君能尽礼，臣得竭忠，必在于内外无私，上下相信。”“若欲令君子小人是非不杂，必怀之以德，得之以信，厉之以义，节之以礼，然后善善而恶恶，审罚而明赏。”不过这只是他们的理想，魏徵也指出在贞观十年左右时，“由乎待下之情，未尽于诚信，虽有善始之勤，未睹克终之美故也。”这是无法掩饰的实情，封建社会统治集团间到处可见的则是相互间的尔虞我诈，以谋最狭隘的私利。

贞观初，有上书请去佞臣者①，太宗谓曰："朕之所任，皆以为贤，卿知佞者谁耶？"对曰："臣居草泽②，不的知佞者。请陛下佯怒以试群臣，若能不畏雷霆，直言进谏，则是正人；顺情阿旨，则是佞人。"太宗谓封德彝曰："流水清浊，在其源也。君者政源，人庶犹水，君自为诈，欲臣下行直，是犹源浊而望水清，理不可得。朕常以魏武帝多诡诈，深鄙其为人，如此，岂可堪为教令？"谓上书人曰："朕欲使大信行于天下，不欲以诈道训俗，卿言虽善，朕所不取也。"

【翻译】

贞观初年，有人上书请求斥退皇帝身边那些佞邪的人，唐太宗对上书人说："我所任用的，都认为是贤臣，你知道佞臣是谁吗？"那人回答说："我住在民间，的确不知道谁是佞臣。请陛下假装发怒来试一试身边的大臣们，如果不怕雷霆之怒，直言进谏，那就是正直的人；依顺心

① 佞(nìng 拧)臣：用花言巧语谄媚讨好皇帝的臣子。
② 草泽：草野山泽。此借指民间。

情迎合旨意，那就是佞邪的人。”太宗回头对封德彝说：“流水是否清浊，关键在于源头。君主是施政的源头，臣民就好比流水，君主自行欺诈妄为，要想臣下行为正直，那就好比是水源浑浊而希望流水清澈，从道理上讲是办不到的。我常常以为魏武帝曹操言行多诡诈，很看不起他的为人，现在让我也这么做，怎么可以作为施行教化的办法？”太宗又对上书的人说：“我要使大信行于天下，不想用诈骗的办法去淳正风俗，你说的话虽然出自好意，但我不能采纳。”

贞观十七年，太宗谓侍臣曰：“传称‘去食存信’，孔子曰：‘民无信不立①。’昔项羽既入咸阳②，已制天下，向能力行仁信，谁夺耶？”房玄龄对曰：“仁、义、礼、智、信，谓之五常，废一不可。能勤行之，甚有裨益。殷纣狎侮五常，武王夺之，项氏以无信为汉高祖所夺，诚如圣旨。”

【翻译】

贞观十七年，唐太宗对侍从的大臣们说：“古书上说‘宁可去掉粮食也要保持百姓对国家的信任’，孔子说：

---

① 传称……民无信不立：都是《论语·颜渊》里孔子回答子贡的话。 ② 咸阳：秦朝的都城，在今陕西西安附近。

‘百姓不信任国家，便不能立国。’从前楚霸王项羽攻入咸阳，已经控制天下，如果能够努力推行仁信，谁能和他争夺天下啊？”房玄龄对答说：“仁、义、礼、智、信，称为五常，废弃任何一项都不成，能够认真推行，很有好处。殷纣王违反五常，被周武王夺了天下，项羽因为无信，被汉高祖夺了天下，这真像陛下所说的那样。”

俭约第十八篇

《俭约》篇凡八章，这里选译六章。该篇为第六卷之首篇，第六卷包括篇目最多，计有九篇:《俭约》、《谦让》、《仁恻》、《慎所好》、《慎言语》、《杜谗邪》、《悔过》、《奢纵》、《贪鄙》。虽也可称为贞观期间的一些嘉言懿行，实际上主要是以唐太宗为首的唐代君臣能够较为清醒地处理和调节一些统治阶级内部矛盾和权力分配方面的问题。如俭约、谦让等都有其特定的含义和限制，不同于一般意义上的勤俭节约、谦虚谨慎等品质。《俭约》篇各章，完全是针对王室挥霍无度，以致"危亡之期可立待"的严重问题而展开讨论的。认为贞观以来二十年间，风俗简朴，衣无锦绣，财帛富饶，无饥寒之弊，这是由于贯彻了唐太宗“固知见可欲，其心必乱”，“自王公已下，第宅、车服、婚嫁、丧葬，准品秩不合服用者，宜一切禁断”的主张。认为这也是处理“帝王所欲者放逸，百姓所不欲者劳弊”这一矛盾的妥善办法。魏徵也认为皇室的指导思想应当是“陛下若以为足，今日不啻足矣。若以为不足，更万倍过此亦不足”。贞观君臣能够这样认识，并时常考虑到“劳弊之事，诚不可施于百姓”，这无疑是有进步意义的。

贞观元年，太宗谓侍臣曰：“自古帝王凡有兴造，必须贵顺物情。昔大禹凿九山①，通九江，用人力极广，而无怨讟者，物情所欲，而众所共有故也。秦始皇营建宫室，而人多谤议者，为徇其私欲，不与众共故也。朕今欲造一殿，材木已具，远想秦皇之事，遂不复作也。古人云：‘不作无益害有益②。’‘不见可欲，使民心不乱③。’固

① 九山：和下面的九州都见于《尚书·禹贡》，九原本是多数的意思，不必去找哪九座山、九条江。 ② 不作无益害有益：这句话见于《伪古文尚书·旅獒》。 ③ 不见可欲，使民心不乱：这句话见于《老子》。

知见可欲，其心必乱矣。至如雕镂器物，珠玉服玩，若恣其骄奢，则危亡之期可立待也。自王公已下，第宅、车服、婚嫁、丧葬，准品秩不合服用者，宜一切禁断。”由是二十年间，风俗简朴，衣无锦绣，财帛富饶，无饥寒之弊。

【翻译】

贞观元年，唐太宗对侍从的大臣们说：“从古帝王凡有兴建营造，必须重在依顺民心。当年大禹开凿九山、疏通九江，使用人力极多，而没有怨言，是因为民心希望这么做，而为大家共同享有的缘故。秦始皇兴建宫室，而百姓多咒骂议论，是为了满足自己的私欲不和大家共同享有的缘故。我近来想建造一座宫殿，木料已经齐备，但想到过去秦始皇的事情，就不再营建了。古人说：‘不要做无益的事来损害有益的事。’‘不寻求那些满足私欲的东西，使民心不乱。’可知见到那些能满足私欲的东西，心就一定会乱了。至于精雕细刻的器物，珠宝玉器和服饰珍玩，如果任意骄奢下去，那么国家危亡的日子就会立即到来。从王公以下，住宅府第、车服、婚嫁、丧葬，都得按照品级，不应服用的应一概禁绝。”这样二十年间，社会风俗崇尚简朴，衣无锦绣，财帛富饶，没有饥寒之苦。

贞观二年，公卿奏曰："依《礼》[1]，季夏之月[2]，可以居台榭，今夏暑未退，秋霖方始，宫中卑湿，请营一阁以居之。"太宗曰："朕有气疾，岂宜下湿？若遂来请，糜费良多。昔汉文将起露台，而惜十家之产。朕德不逮于汉帝，而所费过之，岂为人父母之道也？"固请至于再三，竟不许。

【翻译】

贞观二年，公卿大臣上奏说："依照《礼记》所说，夏季最后一个月，可以居住在台上的楼榭里，如今夏暑尚未消退，秋季绵绵细雨刚刚开始，宫里低下潮湿，请营建一座楼阁来居住。"唐太宗说："我有气息不顺的毛病，怎适宜于住在低下潮湿的地方？如果同意奏请，就会花费很多钱财。从前汉文帝准备兴建露台，因为不愿用掉相当于十户人家家产的经费而作罢。我的德行比不上汉文帝，而兴建的费用要超过他，难道是作为百姓父母的君主所该做的吗？"公卿大臣们再三恳请，太宗始终没有同意。

贞观四年，太宗谓侍臣曰："崇饰宫宇，游赏池台，帝

① 《礼》：指《礼记》，当时的《五经》之一。 ② 季夏之月：农历六月。

王之所欲，百姓之所不欲。帝王所欲者放逸，百姓所不欲者劳弊。孔子云：'有一言可以终身行之者，其恕乎！己所不欲，勿施于人①。'劳弊之事，诚不可施于百姓。朕尊为帝王，富有四海，每事由自己，诚能自节，若百姓不欲，必能顺其情也。"魏徵曰："陛下本怜百姓，每节己以顺人。臣闻'以欲从人者昌，以人乐己者亡②。'隋炀帝志在无厌，惟好奢侈，所司每有供奉营造，小不称意，则有峻罚严刑。上之所好，下必有甚，竞为无限，遂至灭亡，此非书籍所传，亦陛下目所亲见。为其无道，故天命陛下代之。陛下若以为足，今日不啻足矣③。若以为不足，更万倍过此亦不足。"太宗曰："公所奏对甚善！非公，朕安得闻此言？"

【翻译】

贞观四年，唐太宗对侍从的大臣们说："宫室殿宇盖得宏伟装饰得华丽，游览玩赏水池楼台，是帝王所希望的，而是百姓所不希望的。帝王之所以希望这样，是为了放纵逸乐，百姓之所以不希望，是因为劳苦疲累。孔

---

① 有一言……勿施于人：这些话见于《论语·卫灵公》。② 以欲从人者昌，以人乐己者亡：这话见于《左传》僖公二十年。③ 不啻(chì 翅)：不仅、不止。

子说：‘有一句话可以终身奉行的，那就是恕吧！自己所不愿做的，切记不要强加给别人。’劳苦疲累的事情，实在不该强加给百姓。我被尊为帝王，富有四海，什么事情都凭我一句话，但我确实能做到自我节制，如果百姓不想那么做，就一定顺应民情。”魏徵说：“陛下本来爱怜百姓，经常节制自己而顺应民情。我听说过：‘使自己的欲望顺应民情的就会昌盛，劳苦百姓来博取自己欢乐的就会灭亡。’隋炀帝贪得无厌，专门喜欢奢侈，主管部门每有供奉营造，稍微不称心，就要施加严刑峻罚。上边有所喜好，下边必然做得厉害，大家争相无限制地放纵淫逸，很快就会导致灭亡。这不是书上写的，而是陛下所亲眼目睹的事实。正因为他无道，所以上天才让陛下来取代他。陛下如果认为已满足欲望，那么今天就不仅仅是满足了，如果认为不满足，再超过现在万倍也不会满足。”太宗说：“你的奏对很好！不是你，我怎能听到这些话呢？”

贞观十六年，太宗谓侍臣曰：“朕近读《刘聪传》①，聪

①《刘聪传》：刘聪是东晋南匈奴刘渊第四子，继刘渊做前赵的皇帝，这里《刘聪传》是指旧《晋书》里的。

将为刘后起鷍仪殿①，廷尉陈元达切谏②，聪大怒，命斩之。刘后手疏启请，辞情甚切，聪怒乃解，而甚愧之。人之读书，欲广闻见以自益耳，朕见此事，可以为深诫。比者欲造一殿，仍构重阁，今于蓝田采木③，并已备具，远想聪事，斯作遂止。”

【翻译】

贞观十六年，唐太宗对侍从的大臣们说：“我近来读《刘聪传》，刘聪准备给他的刘皇后建造鷍仪殿，廷尉陈元达痛切陈辞竭力劝谏，刘聪大怒，命令把陈元达斩首。刘后亲手写了奏疏替陈元达求情，在文辞上道理上都很恳切，刘聪才息怒，而且感到很惭愧。人们读书，是要增长见识使自己获得好处，我看这件事，可以作为鉴诫。近来想营建一座宫殿，并加造层楼，现在从蓝田采办的木料，都已齐备。遥想起刘聪这件事，这项营建工程就停止了。”

贞观十一年，诏曰：“朕闻死者终也④，欲物之反真

① 鷍(huáng 皇)：就是凤凰的凰字。 ② 廷尉：主管刑狱的官员。 ③ 蓝田：今陕西蓝田。 ④ 死者终也：这句话见于《列子·天瑞》。

也；葬者藏也[①]，欲令人之不得见也。上古垂风，未闻于封树[②]；后世贻则，乃备于棺椁[③]。讥僭侈者，非爱其厚费；美俭薄者，实贵其无危。是以唐尧，圣帝也，谷林有通树之说[④]；秦穆，明君也，橐泉无丘陇之处[⑤]。仲尼，孝子也，防墓不坟[⑥]；延陵，慈父也，嬴、博可隐[⑦]。斯皆怀无穷之虑，成独决之明，乃便体于九泉[⑧]，非徇名于百代也。洎乎阖闾违礼[⑨]，珠玉为凫雁[⑩]；始皇无度，水银为江海；季孙擅鲁，敛以玙璠[⑪]；桓魋专宋[⑫]，葬以石椁；莫不因多藏以速祸，由有利而招辱。玄庐既发[⑬]，致焚如于夜台[⑭]；黄肠再开[⑮]，同暴骸于中野。详思曩事[⑯]，岂不悲哉！由此观之，奢侈者可以为戒，节俭者可以为师矣。

---

① 葬者藏也：这句话见于《大戴礼记·保傅》。 ② 封：堆土。树：做标记。 ③ 椁（guǒ 果）：棺的外层叫椁。 ④ 通树：四周种上树作为标记。 ⑤ 橐（tuó 驼）泉：秦穆公葬于橐泉宫，在今陕西凤翔南。 ⑥ 防：孔子父亲葬地，在今山东费县东北。坟：土堆起来叫坟。 ⑦ 嬴、博可隐：嬴与博都是春秋时齐邑，在今山东莱芜西北。吴延陵季札使齐回国，儿子死在中途，就葬于嬴、博之间，不归葬乡里。隐：埋藏。 ⑧ 九泉：地下，死者所葬之处。 ⑨ 阖（hé 盒）闾：春秋时吴王。 ⑩ 凫（fú 扶）：野鸭。 ⑪ 敛：这里是把尸体放进棺木里的意思。玙璠（yú 于 fán 烦）：都是美玉的名称。 ⑫ 桓魋（tuí 颓）：春秋时宋国的贵族。 ⑬ 玄庐：玄宫，墓室，也就是在墓里开个地下室放棺木的地方。 ⑭ 夜台：墓穴，因封闭后黑暗，所以叫夜台。 ⑮ 黄肠：用黄心的柏木为椁，叫黄肠。 ⑯ 曩（nǎng 囊上声）：已往。

朕居四海之尊，承百王之弊，未明思化，中宵战惕。虽送往之典，详诸仪制①，失礼之禁，著在刑书，而勋戚之家多流遁于习俗，闾阎之内或侈靡而伤风②，以厚葬为奉终，以高坟为行孝，遂使衣衾棺椁③，极雕刻之华，灵輀冥器④，穷金玉之饰。富者越法度以相尚，贫者破资产而不逮，徒伤教义，无益泉壤⑤，为害既深，宜为惩革。其王公已下，爰及黎庶，自今已后，送葬之具有不依令、式者⑥，仰州府县官明加检察，随状科罪。在京五品已上及勋戚家，仍录奏闻。”

【翻译】

贞观十一年，唐太宗下令说：“我听说死就是人生的终结，要人回归到自然；葬就是收藏，要让别人不再看到。上古的风俗，没有听说堆坟竖立标记；后世的办法，才在棺椁上做工夫。讥刺僭越奢侈，并非吝惜花费太

---

① 送往：送死者，丧葬。 ② 闾阎：古代居民区叫里，闾是里门；阎是里的中门。闾阎借指民间。 ③ 衾(qīn 钦)：被子、大被，这里是指敛尸的被子。 ④ 灵輀(ér 而)：载棺的车。冥器：也作明器，用木材或陶土做成小型的婢仆、侍从和其他东西，埋进墓穴，侍奉死者或供死者使用，叫冥器。宋以后逐渐改用纸扎，不埋进墓穴而焚化。 ⑤ 泉壤：地下，死者所埋之处。 ⑥ 令式：令是法规，式是有关细则，当时令里有丧葬令，式里也有相应细则。

多；提倡节俭薄葬，是为了埋葬后免遭危害。所以唐尧是圣帝，葬在谷林，仅栽树作为标记；秦穆公是明君，葬在橐泉，并没有堆土成为丘陇。孔子是孝子，把双亲合葬在叫做防的地方，只有墓穴而不堆坟；延陵是慈父，嬴、博两地之间可以埋葬他的儿子。这都是怀着长远的考虑，作出英明的决断，是使尸体能够安然地葬在地下，并不是为了在百世之后获得美名。到了吴王阖闾时违背礼制，用珠玉做墓里的野鸭大雁；秦始皇荒淫无度，用水银做墓里的江河大海；季孙在鲁国擅政，敛尸体用玙璠之类的美玉；桓魋在宋国专权，墓葬建造石椁；这都是因为在墓里多藏财物而加速了灾祸，由于墓里有利可图而招致折辱。有的坟墓既经发掘，葬器都被焚烧在墓穴中；有的棺椁再被打开，同尸骸暴露在旷野。仔细思量往事，岂不悲哀！由此看来，奢侈的人可以为鉴戒，节俭的人可以为人师。我位居四海之尊，承接百王之弊，不明白如何教化，睡到半夜里都为之恐惧忧虑。虽然丧葬的法规，已在仪制中详载，违礼的处分，也在刑书中写明，但是勋戚之家多随同陈旧习俗，民间百姓也有奢侈靡费而伤风败俗，用厚葬来供奉死者，用高坟来表示孝道，因而使衣衾棺椁，力求雕刻华丽，灵车冥器，也尽用金玉装饰。富贵人家超越法度而相互炫耀，贫穷之家倾家荡产还无从攀比，徒然有伤教义，无益泉壤，为害既已很深，应予惩治革除。凡王公以下，直至百姓，从今以后，送葬的东西有不遵照律、令、格、式的，希望各州、府、县官认真检查，根据情节定罪。在京城里的五品以上官员和勋戚之家有违反的，并要录罪上奏。”

岑文本为中书令，宅卑湿，无帷帐之饰，有劝其营产业者，文本叹曰：“吾本汉南一布衣耳①，竟无汗马之劳，徒以文墨，致位中书令，斯亦极矣。荷俸禄之重，为惧已多，更得言产业乎？”言者叹息而退。

【翻译】

岑文本任中书令，房宅低下潮湿，没有帷帐装饰，有人劝他买房置地，文本叹息说道：“我本来只是汉水南边的一位平民百姓，毕竟没有什么汗马功劳，只是凭借文墨，当上了中书令，这也可算满足了。承受这么重的俸禄，已很感愧惧，还能再说什么买房置地吗？”劝他的人莫可奈何，叹息而退。

① 布衣：指平民百姓。

谦让第十九篇

《谦让》篇凡三章，这里选译二章。这里所说的谦让，主要是针对帝王而言的，其含义如唐太宗所说："朕每思出一言，行一事，必上畏皇天，下惧群臣。……常谦常惧，犹恐不称天心及百姓意也。"而这种谦让的目的，则如魏徵所言：是使"宗社永固，无倾覆矣"。同时，本篇也包含一些一般意义上的谦让，如谓"己之虽有，其状若无，己之虽实，其容若虚。非惟匹庶，帝王之德，亦当如此"。但这是附带的内容，而且也有针对帝王的特殊要求："帝王内蕴神明，外须玄默，使深不可知。"要求"位居尊极"而能不"炫耀聪明，以才陵人，饰非拒谏，上下情隔，君臣道乖”，不至于重走“自古灭亡”的老路。此外，本篇还包含一些对一般臣僚的谦让要求，如这里提到的河间王孝恭、江夏王道宗，“无矜骄自伐之色”、“动修礼让”等等。

贞观二年，太宗谓侍臣曰：“人言作天子则得自尊崇，无所畏惧，朕则以为正合自守谦恭，常怀畏惧。昔舜诫禹曰：‘汝惟不矜，天下莫与汝争能；汝惟不伐，天下莫与汝争功①。’又《易》曰：‘人道恶盈而好谦②。’凡为天子。若惟自尊崇，不守谦恭者，在身傥有不是之事③，谁肯犯颜谏奏？朕每思出一言，行一事，必上畏皇天，下惧群臣。天高听卑，何得不畏？群公卿士，皆见瞻仰，何得不惧？以此思之，但知常谦常惧，犹恐不称天心及百姓意也。”魏徵曰：“古人云：‘靡不有初，鲜克有终④。’愿陛下守此常谦常惧之道，日慎一日，则宗社永固，无倾覆矣。唐、虞所以太平，实用此法。”

---

① 汝惟……争功：这几句话见于《伪古文尚书·大禹谟》。伐：在这里是夸耀功劳的意思。 ② 人道恶盈而好谦：这句话是《易·谦卦》的彖辞。 ③ 傥（tǎng 倘）：同“倘”。倘若，倘使。 ④ 靡不有初，鲜克有终：这两句见于《诗经·大雅·荡》。

【翻译】

贞观二年，唐太宗对侍从的大臣们说："人们说做天子的人就可以自认为尊贵崇高，无所畏惧，我则以为这正应自己保持谦逊恭谨，经常心怀畏惧。从前舜告诫禹说：'你只要不骄傲，天下就没有人和你争能；你只要不自夸，天下就没有人和你争功。'再者《易经》说：'君子的准则是厌恶自满而贵谦逊。'凡是做了天子，如果只认为尊贵崇高，不保持谦逊恭谨的，自身倘若有不对的事情，谁肯冒犯尊颜谏奏？我常思考讲一句话，做一件事，必定上畏皇天、下惧群臣。天虽高却能听得地面上的议论，怎能不畏惧？公卿百官，都在瞻仰着我，怎能不畏惧？这样想来，就知道即使常谦常惧，还怕不能称上天之心和百姓之意。"魏徵说："古人讲：'做事情无不有个开始，但很少能够保持到结束。'希望陛下保持这个常谦常惧的准则，一天比一天谨慎，那么国家就会永远巩固，而不会倾覆。唐尧、虞舜之世之所以呈现太平，实际就是用的这个方法。"

贞观三年，太宗问给事中孔颖达曰："《论语》云：'以能问于不能，以多问于寡，有若无，实若虚①。何谓也？"

① 以能……若虚：这句话见于《论语·泰伯》。

颖达对曰："圣人设教，欲人谦光①。己虽有能，不自矜大，仍就不能之人，求访能事。己之才艺虽多，犹病以为少，仍就寡少之人更求所益。己之虽有，其状若无，己之虽实，其容若虚。非惟匹庶，帝王之德，亦当如此。夫帝王内蕴神明，外须玄默②，使深不可知。故《易》称以蒙养正③，以明夷莅众④，若其位居尊极，炫耀聪明，以才陵人，饰非拒谏，则上下情隔，君臣道乖，自古灭亡，莫不由此也。"太宗曰："《易》云：'劳谦，君子有终，吉⑤。'诚如卿言。"诏赐物二百段。

【翻译】

贞观三年，唐太宗问给事中孔颖达："《论语》里讲：'有才能的人去向没才能的人请教，知识多的人去向知识少的人请教，有才能好像显得没有，知识充实好像显得空虚。'是什么意思呢？"孔颖达对答说："圣人实行教化，要人谦逊退让，有才能不骄傲自大，仍旧找没才能的人力求了解他所知道的事。自己虽多才多艺，还害怕懂

① 谦光：这个词语见于《易·谦卦》，本意是说谦而更加光明，后来都作为谦退来用。 ② 玄默：沉静寡言。 ③ 以蒙养正：见于《易·蒙卦》彖辞。 ④ 以明夷莅众：见于《易·象传》。明夷也是卦名，是说暗主在上，明臣在下不敢显露明智。 ⑤ 劳谦……吉：见于《易·谦卦》爻辞。

得太少，仍旧找才艺寡少的人讨教求得更多的知识。自己虽然有知识，表面上好像没有，自己虽然已充实，表面上好像空虚。这不仅指庶民百姓，帝王的德行，也应当如此。帝王内里蕴藏神明，外表必须沉默，使人感到高深莫测。所以《周易》上讲‘要表现得蒙昧无知自养正道，不显露明智来盛气凌人。’如果身居于最高的尊位，炫耀自己的聪明，凭借才能欺凌别人，掩饰过错，拒绝谏诤，那么上下之间的情感被隔断，君臣之间的原则会背离，自古以来国家灭亡，没有不是由此而造成的。”太宗说：“《周易》上讲：‘勤劳谦逊，君子对此保持到底，就吉利。’确实像你所说。”下诏赏赐给孔颖达绢帛二百段。

仁恻第二十篇

《仁恻》篇凡四章，这里选译一章。本篇内容，几乎都是针对唐太宗言行说的，通过一些具体事实来说明唐太宗的所谓仁恻之心，如后宫及掖庭前后所出三千余人，出御府金宝赎鬻男女者还其父母、不避辰日嗟悼襄州都督张公谨之卒、亲临太牢致祭阵亡将士并亲为流矢所中的右卫大将军李思摩吮血。今天看来，这些事情并无多大实际意义，倒可看出贞观盛世时，也还是有天灾人祸，致使出现穷苦百姓卖儿鬻女家破人亡的惨状及贞观晚年唐太宗穷兵黩武征战高丽的情景。而后宫三千之类，更是封建王室中的通例，并无大的变化。贞观后期唐太宗日益奢侈，仁恻之类多半是空洞不实的说教。

贞观初，太宗谓侍臣曰："妇人幽闭深宫，情实可愍①。隋氏末年，求采无已，至于离宫别馆，非幸御之所，多聚宫人。此皆竭人财力，朕所不取。且洒扫之余，更何所用？今将出之，任求伉俪②，非独以省费，兼以息人，亦各得遂其情性。"于是后宫及掖庭前后所出三千余人③。

【翻译】

贞观初年，唐太宗对侍从的大臣们说："妇女被禁闭在深宫里，实在很可怜悯。隋代末年，不停地去挑选宫女，离宫别馆，并非君主去住宿的地方，也聚集了许多宫女。这都是耗竭百姓财力的行为，我从不效法。况且她们除了洒扫宫室之外，还有什么用处呢？现在准备放她们出去，任凭她们去选择配偶，这样不仅可以节省费用，而且可以使百姓减轻负担，还让宫女各自满足心愿。"于是从后宫和掖庭宫先后放出宫女三千多人。

---

① 愍（mǐn悯）：同"悯"。 ② 伉俪：夫妇、配偶。 ③ 掖庭：妃嫔等居住的地方。隋唐时在大内的西边有掖庭宫。

慎所好第二十一篇

《慎所好》篇凡四章，这里选译二章。本篇也是针对唐太宗的个人品质问题来讨论君王应当有什么爱好。这里唐太宗自己提出的命题是："下之所行，皆从上之所好。"因而得出结论说："朕今所好者，惟在尧、舜之道，周、孔之教，以为如鸟有翼，如鱼依水，失之必死，不可暂无耳"。唐太宗总结历史经验，认为自己绝不能像隋炀帝那样"性好猜防，专信邪道"；也不能像秦始皇、汉武帝那样"非分爱好，为方士所诈"，认为"君天下者，惟须正身修德而已。此外虚事，不足在怀"。同时也反对工部尚书段纶遣巧人杨思齐造傀儡戏具。唐太宗对自己的行为比较检点，能够有所警惕，经常吸取一些这方面的历史教训，还是有一定积极意义的。

贞观二年，太宗谓侍臣曰："古人云：'君犹器也，人犹水也，方圆在于器，不在于水。'故尧、舜率天下以仁，而人从之；桀、纣率天下以暴，而人从之。下之所行，皆从上之所好。至如梁武帝父子志尚浮华，惟好释氏、老氏之教①，武帝末年，频幸同泰寺，亲讲佛经，百僚皆大冠高履，乘车扈从，终日谈论苦空②，未尝以军国典章为意。及侯景率兵向阙，尚书郎已下多不解乘马，狼狈步走，死者相继于道路。武帝及简文卒被侯景幽逼而死③。孝元帝在于江陵④，为万纽于谨所围⑤，帝犹讲《老子》不辍，百僚皆戎服以听，俄而城陷，君臣俱被囚絷⑥。庾信亦叹

① 释氏：指佛教，因佛教创始人释迦牟尼的汉译而有此称。老氏：一般多指道教，因为东汉末创始的道教假托老子为创始人，但这里仅指东晋南朝盛行玄学而喜读《老子》。
② 苦空：苦和空都是佛教的常谈。 ③ 简文：梁武帝第三子萧纲，武帝为侯景拘囚饿死，他即位，不久也为侯景所杀，简文是他死后的谥号。 ④ 孝元帝：梁武帝第七子萧绎，在江陵（今湖北江陵）即位，后为西魏所灭，被杀，孝元是他的谥号。
⑤ 万纽于谨：攻下江陵的西魏统帅，万纽于是胡姓，有些史书里也称于谨。 ⑥ 絷（zhí 执）：拘囚。

其如此[1]，及作《哀江南赋》，乃云：‘宰衡以干戈为儿戏[2]，缙绅以清谈为庙略[3]。’此事亦足为鉴戒。朕今所好者，惟在尧、舜之道，周、孔之教，以为如鸟有翼，如鱼依水，失之必死，不可暂无耳。”

【翻译】

贞观二年，唐太宗对侍从的大臣们说：“古人说：‘君主好比是器具，百姓好比是水，水是方是圆在于器具，不在于水。’所以尧、舜用仁义来统率天下，百姓跟着行仁义；桀、纣用暴力来统率天下，百姓跟着行暴力。下边所做，都跟从上边的喜好。至于像梁武帝父子，一心崇尚浮华，只喜好佛教、道教。武帝末年，多次去同泰寺，亲自讲说佛经，百官都戴大帽着高跟鞋，乘车跟随，整天谈论佛经，从没有把军国大事制度法令放在心上。到侯景领兵围攻宫廷时，尚书郎以下的官僚许多人不会骑马，狼狈步行出逃，一个接一个地死在路上。武帝和简文帝

① 庾信：文学家，初仕梁，后入西魏，到北周时去世，《哀江南赋》是他哀悼梁的灭亡并慨叹个人身世的著名作品。
② 宰衡：宰相。 ③ 缙（jìn 晋）绅：也作搢绅，本指过去官员的装束，缙是插，绅是大带，缙绅是把笏插进大带，但一般直接用做官员的代称。庙略：庙指宗庙，也就是朝廷，庙略是朝廷采取的办法。

终于被侯景所囚禁迫害致死。孝元帝在江陵，被万纽于谨所围困，仍讲说《老子》而不中止，百官都穿着军服在静听，不一会城被攻陷，君臣都被拘囚。庾信对他们这些行为也很叹息，他写的《哀江南赋》说：'宰相把军事作战作为儿戏，百官把清谈作为朝廷的要略。'这事也很可作为鉴戒。我如今所喜好的，只在尧、舜的准则，周公、孔子的教化，我认为这好像鸟有翅膀，像鱼依水而游一样，失掉这些必然死去，不能一刻没有。"

贞观二年，太宗谓侍臣曰："神仙事本是虚妄，空有其名。秦始皇非分爱好，为方士所诈，乃遣童男童女数千人，随其入海求神仙。方士避秦苛虐，因留不归，始皇犹海侧踟蹰以待之①，还至沙丘而死②。汉武帝为求神仙，乃将女嫁道术之人③，事既无验，便行诛戮。据此二事，神仙不烦妄求也。"

【翻译】

贞观二年，唐太宗对侍从的大臣们说："神仙的事本

---

① 踟蹰(chí 池 chú 除)：犹豫，要走不走的样子。 ② 沙丘：在今河北广宗西北大平台。 ③ 道术之人：指方士栾大，后为汉武帝所杀。

来是荒诞虚妄的，空有其名。秦始皇却分外爱好仙术，被方士所欺诈，竟派遣童男童女几千人，跟随方士入海去求神仙，方士逃避秦的苛政暴虐，因此留居海中不再回来，始皇还在海边徘徊等待他们，结果在返回的路上病死沙丘。汉武帝为了求神仙，竟将女儿嫁给卖弄道术的人，事情不灵验，就把方士杀掉。从这两件事情来看，神仙是不能乱求的。”

慎言语第二十二篇

《慎言语》篇为《慎所好》的姊妹篇，凡三章，这里选译二章。本篇也是讨论唐太宗的个人品质问题。唐太宗认为："万乘之主，不可出言有所乖失。""朕每日坐朝，欲出一言，即思此一言于百姓有利益否，所以不敢多言。"魏徵等认为："人君居四海之尊，若有亏失，古人以为如日月之蚀，人皆见之，实如陛下所戒慎。"杜正伦也说："陛下若一言乖于道理，则千载累于圣德，非止当今损于百姓，愿陛下慎之。"这里把于百姓有利益否作为慎言语的标准，无疑是有积极意义的。但往往流于空话，实际上更多是以李唐王室的利益作为言行标准的。至于谎称"皇天以无言为贵，圣人以不言为德”、“多记甚损心，多语则损气”之类，当然就更荒谬了。

贞观二年，太宗谓侍臣曰：“朕每日坐朝，欲出一言，即思此一言于百姓有利益否，所以不敢多言。”给事中兼知起居事杜正伦进曰①：“君举必书，言存左史②。臣职当兼修起居注，不敢不尽愚直。陛下若一言乖于道理，则千载累于圣德，非止当今损于百姓。愿陛下慎之。”太宗大悦，赐彩百段。

【翻译】

贞观二年，唐太宗对侍从的大臣们说：“我每天坐朝理政，要想讲一句话，就得想想这句话是否对百姓有好处，所以不敢多说话。”给事中兼知起居事杜正伦进言道：“君主办什么事都得记录，讲什么话就记录在起居注里。我的职务要兼修起居注，不敢不尽我的忠直。陛下

---

① 给事中：门下省的重要官员，诏敕有失当之处，给事中可以驳正。知起居事：唐初设置起居郎，逐日记录皇帝的言行。行是所处理的国家大事，言是所发的诏令，并依此撰修皇帝的《起居注》（高宗时才增设起居舍人记言，起居郎来记行），杜正伦是兼做起居郎的工作。 ② 言存左史：据说周代史官有左史、右史之分，左史记言，右史记行。

如果有一句话违背道理，那么到千年以后都会损害圣德，不仅在当今对百姓造成损害。希望陛下慎重。”太宗非常高兴，赏赐他彩色绢帛一百段。

贞观八年，太宗谓侍臣曰：“言语者君子之枢机①，谈何容易？凡在众庶，一言不善，则人记之，成其耻累。况是万乘之主②，不可出言有所乖失。其所亏损至大，岂同匹夫？我常以此为戒。隋炀帝初幸甘泉宫③，泉石称意，而怪无萤火，敕云：‘捉取多少于宫中照夜。’所司遽遣数千人采拾，送五百舆于宫侧。小事尚尔，况其大乎！”魏徵对曰：“人君居四海之尊，若有亏失，古人以为如日月之蚀，人皆见之，实如陛下所戒慎。”

【翻译】

贞观八年，唐太宗对侍从的大臣们说：“言语是涉及君子德行的关键，讲起话来怎能草率随便？凡是庶民百姓，一句话讲的不好，就会被人家记住，使他受到耻笑损害。何况是作为万乘之主的君主，决不能讲出不妥当的

① 枢机：枢本是门户的转轴，枢机是比喻事物运动的关键。《易·系辞》说：“言行，君子之枢机。” ② 万乘之主：据说周代的天子有一万乘兵车，后来就称皇帝为万乘之主。③ 甘泉宫：在今陕西淳化甘泉山上。

话来。这样损害极大，岂能和普通人相比？我常以此为戒。隋炀帝刚到甘泉宫，那秀丽的山水泉石都使他称心如意，却责怪没有萤火虫，便下令说：'捕捉一些萤火虫到宫里来供晚上照明。'主管部门马上派几千人去捕捉，送来五百车萤火虫到宫旁。小事尚且如此，更何况大事？"魏徵对答说："人君位居四海之尊的高位，如果有所亏失，古人认为如同日食和月食那样，人人都能看到，确实应像陛下这样有所警戒谨慎。"

杜谗邪第二十三篇

《杜谗邪》篇凡七章，这里选译二章。本篇也是贞观君臣讨论君王应当具备什么样的品质。杜谗邪是任贤纳谏的另一种提法，是历代封建王朝中遇到的普遍性问题。唐太宗通过总结历史教训，认为谗谮之事为逆乱之源，谗佞之徒，皆国之蟊贼，因而“每防微杜渐，用绝谗构之端，犹恐心力所不至，或不能觉悟”，并要求满朝大臣牢记“直臣立朝廷，奸邪为之寝谋”。大臣魏徵等也一再提醒唐太宗说：“臣尝观自古有国有家者，若曲受谗谮，妄害忠良，必宗庙丘墟，市朝霜露矣。愿陛下深慎之。”篇中举出的一些实例，如唐太宗指斥赵元楷在迎谒过程中耗资求媚的活动是“亡隋弊俗”；以妄事毁谤、离间君臣罪而流放监察御史陈师合于岭外；下令“自今已后，有上书讦人小恶者，当以谗人之罪罪之”；坚信魏徵“忠于所事”，遽斩诬告魏徵谋反的人等等，说明唐太宗确在贞观年间力求做到“杜谗邪”。

贞观七年，太宗幸蒲州①。刺史赵元楷课父老服黄纱单衣②，迎谒路左，盛饰廨宇③，修营楼雉以求媚④。又潜饲羊百余口，鱼数千头，将馈贵戚。太宗知，召而数之曰：“朕巡省河洛⑤，经历数州，凡有所须，皆资官物。卿为饲羊养鱼，雕饰院宇，此乃亡隋弊俗，今不可复行。当识朕心，改旧态也。”以元楷在隋邪佞，故太宗发此言以戒之。元楷惭惧，数日不食而卒。

【翻译】

贞观七年，唐太宗巡幸蒲州。刺史赵元楷规定父老一

---

① 蒲州：治所在今山西永济西。 ② 课：本是课税，即收税或征发劳役的意思，这里指征发这些来欢迎皇上。黄纱单衣：唐初规定百姓穿黄色衣服，后来才改成白色衣服。

③ 廨（xiè 械）宇：官署。 ④ 楼雉：楼是城楼，雉是雉堞，即城上齿形的矮墙，作为守城时的掩体。 ⑤ 河洛：指今河南的黄河、洛水之间地区。

律穿上黄纱单衣，在路边迎接拜谒，并大肆装饰官署，营建城楼雉堞用来献媚讨好。又偷偷地饲养了百多头羊、几千条鱼，准备馈送朝廷贵戚。太宗知道这事后，把他召来训斥道："我巡察黄河、洛水一带，经历数州，大凡有什么需要，都由官府供给。你为此养羊养鱼，雕饰院宇，这是过去隋朝的坏习惯，如今不能再这么做了。你应该体会我的心意，把这套坏的作风改掉。"因为赵元楷在隋朝时就是玩弄奸邪谄佞的人，所以太宗讲这一番话来警戒他。赵元楷既羞愧又害怕，几天吃不下东西就呜呼哀哉了。

贞观十六年，太宗谓谏议大夫褚遂良曰："卿知起居，比来记我行事善恶？"遂良曰："史官之设，君举必书。善既必书，过亦无隐。"太宗曰："朕今勤行三事，亦望史官不书吾恶。一则鉴前代成败事，以为元龟①；二则进用善人，共成政道；三则斥弃群小，不听谗言。吾能守之，终不转也。"

【翻译】

贞观十六年，唐太宗对谏议大夫褚遂良说："你负责

① 元龟：大龟，殷商时就有龟卜，并认为用的龟越大越灵验，后来引申把历史上可作借鉴的事情也叫元龟。

起居工作，近来记录我所做的事情是善是恶？”褚遂良说：“设置史官，君主一举一动都得记录。善的既然必须记，过失也不加隐瞒。”太宗说：“我现在认真办三件事情，也是希望史官不写我的过恶。一是要对照前代成功、失败的事实，作为鉴戒；二是要进用品德良好的人，共同办好政事；三是要废弃斥退那些小人，不听信谗言。我能够坚持下去，始终不会改变。”

悔过第二十四篇

《悔过》篇凡四章,这里选译一章。本篇提出了一个对于封建帝王来说是十分难得的品质:悔过。可惜分量既很单薄,事例亦不典型,只不过是做做广告而已。因为封建帝王的基本政策总是"朕即真理",无过可悔的。唐太宗虽是一位以任贤纳谏名世的好皇帝,并在贞观年间一再宣称"朕今欲闻己过,卿等皆可直言",但实际闻过、悔过的例子则举不出几个,本篇所列者,也不过是一些鸡毛蒜皮的小事,如称"却思少小时行事,大觉非也",也是指的过去"不暇读书"等等,如此而已。对于真正涉及王朝根本利益的要害问题,那是不敢触及的,比如玄武门之变、宗室分封等问题，都是听不得不同意见的，更谈不上悔过了。

贞观二年，太宗谓房玄龄曰："为人大须学问。朕往为群凶未定①，东西征讨，躬亲戎事，不暇读书。比来四海安静，身处殿堂，不能自执书卷，使人读而听之。君臣父子、政教之道，共在书内。古人云：'不学，墙面，莅事惟烦②。'不徒言也。却思少小时行事，大觉非也。"

【翻译】

贞观二年，唐太宗对房玄龄说："做人非常需要学问。我当年因为群凶没有平定，东西征讨，亲自带兵打仗，没有时间读书。近来四海安宁，身为君主，不能自己手拿书卷阅读，就叫人读来听。君臣父子的伦常、政治教化的种种道理，都在书里。古人说：'不学，等于面对墙壁，临事就遇到麻烦。'这确实不是句空话。再想起小时候做的事情，就觉得很不对头了。"

---

① 群凶：此指各路隋末农民起义的武装势力及众多封建割据势力。 ② 不学，墙面，莅事惟烦：这句话见于《伪古文尚书·周官》。莅（lì利）：临。

奢纵第二十五篇

《奢纵》篇只有一章，这里选译其中的一部分。本篇记录了贞观十一年侍御史马周论述时政的一篇较长的上疏，指出了贞观中期社会上存在的一些比较严重的问题，希望引起唐太宗的注意，并提出了解决的办法。如上疏指出当时徭役的状况是："今百姓承丧乱之后，比于隋时才十分之一，而供官徭役，道路相继，兄去弟还，首尾不绝，远者往来五六千里，春秋冬夏，略无休时。陛下虽每有恩诏，令其减省，而有司作既不废，自然须人，徒行文书，役之如故。臣每访问，四五年来，百姓颇有怨嗟之言，以陛下不存养之。"提出的解决办法是"若以陛下之圣明，诚欲励精为政，不烦远求上古之术，但及贞观之初，则天下幸甚。”这是马周上疏中认为判断一个皇朝的政绩主要要看“以节俭于身、恩加于人二者是务”的实际表现。唐太宗只是轻描淡写地说了一句“近令造小随身器物，不意百姓遂有嗟怨，此则朕之过误”。勉强表示“乃命停之”。

贞观十一年，侍御史马周上疏陈时政曰：“……往者贞观之初，率土霜俭①，一匹绢才得粟一斗，而天下帖然。百姓知陛下甚忧怜之，故人人自安，曾无谤讟。自五六年来，频岁丰稔②，一匹绢得十余石粟，而百姓皆以陛下不忧怜之，咸有怨言，又今所营为者，颇多不急之务故也③。自古以来，国之兴亡，不由蓄积多少，唯在百姓苦乐。且以近事验之，隋家贮洛口仓④，而李密因之；东京积布帛，王世充据之；西京府库亦为国家之用，至今未尽。向使洛口、东都无粟帛，即世充、李密未必能聚大

① 率土：普天下，全国。霜俭：霜灾歉收。 ② 稔(rěn 忍)：庄稼成熟。 ③ 又今所营为者：在这篇奏疏的前面还说到当时徭役太重，引起百姓怨嗟，所以这里要用个“又”字。今译时只好在前面加上一句“这是由于徭役过重。” ④ 洛口仓：在今河南巩义东南，当洛水入黄河之口，隋炀帝在此筑兴洛仓，号洛口仓城。

众。但贮积者固是国之常事，要当人有余力，而后收之。若人劳而强敛之，竟以资寇，积之无益也。然俭以息人，贞观之初，陛下已躬为之，故今行之不难也。为之一日，则天下知之，式歌且舞矣①，若人既劳矣，而用之不息，傥中国被水旱之灾，边方有风尘之警②，狂狡因之窃发③，则有不可测之事，非徒圣躬旰食晏寝而已④。若以陛下之圣明，诚欲励精为政，不烦远求上古之术，但及贞观之初，则天下幸甚。”

太宗曰：“近令造小随身器物，不意百姓遂有嗟怨，此则朕之过误。”乃命停之。

【翻译】

贞观十一年，侍御史马周上奏疏陈述时政得失说：“……从前贞观初年，普天下霜灾歉收，一匹绢只能换得粟一斗，但天下平静。百姓知道陛下非常关心爱怜他们，所以人人自安，从无讪谤抱怨之词。近五六年来，连年丰收，一匹绢可以换十几石粟，然而百姓认为陛下不关心爱怜他们，都有怨言，这是由于徭役过重，加以如

---

① 式：语助词。 ② 风尘之警：指敌人侵犯，传来警报。③ 狂狡：狂悖狡黠之人，这里是对起义的农民所加的贬词。④ 旰食晏寝：旰（gàn 干去声），晚。晏，迟。指君主勤理朝政，晚食迟寝。

今所兴办的事务，许多都是无关紧要的缘故。从古以来，国家兴亡不是由于积蓄的多少，只在于百姓的苦乐。再就近代的事情来看，隋朝在洛口仓贮粟，而为李密所用；在东京堆积布帛，结果被王世充占有；西京府库的财物也被大唐所用，至今还未用完。当时如果洛口、东京没有粟帛，那王世充、李密就不可能招聚大众。当然贮积钱粮财物本是国家的常事，总得百姓衣食有余，然后去征收。如果百姓劳苦而强行搜刮，最后还是帮助了贼寇，所积聚的财物并没什么好处。不过用节俭来与民休息，在贞观初年，陛下已经亲自实行过，所以如今实行起来也不会困难。只要实行一天，天下都会知道，大家就会载歌载舞。如果百姓已经劳苦，还用个不停，一旦中国受水旱之灾，边境有风尘之警，狂悖狡黠的人就会乘机作乱，就将有不可预测的事情发生，不仅仅是使圣上晚进餐迟睡觉而已。如果以陛下之圣明，真要励精图治，不用远求上古的办法，只要做到像贞观初年那样，那么天下就很幸运了。”

唐太宗说：“最近叫营造随身的小器物，没想到百姓就有嗟怨，这是我的过错。”于是命令停止制造。

贪鄙第二十六篇

《贪鄙》篇凡六章，这里选译四章。本章内容为告诫君臣不可贪得无厌。唐太宗是从防止皇室败亡的角度提出这个问题的，他说：作为帝王如果“恣情放逸，劳役无度，信任群小，疏远忠正，有一于此，岂不灭亡?”他又规劝百官不要过分贪财：“今人臣受任，居高位，食厚禄，当须履忠正，蹈公清，则无灾害，长守富贵矣。”就是要他们在“居高位，食厚禄”的前提下，不再贪求，这样才能“长守富贵”，不陷其身。这对于统治集团的利益分配来说，算是一种比较实事求是的提法。他在处理权万纪、陈万福等人的具体问题时，基本体现了他反对贪鄙的精神。

贞观初，太宗谓侍臣曰：“人有明珠，莫不贵重，若以弹雀，岂非可惜？况人之性命甚于明珠，见金钱财帛不惧刑网①，径即受纳，乃是不惜性命。明珠是身外之物，尚不可弹雀，何况性命之重，乃以博财物耶②？群臣若能备尽忠直，益国利人，则官爵立至。皆不能以此道求荣，遂妄受财物，赃贿既露，其身亦殒，实为可笑。帝王亦然，恣情放逸，劳役无度，信任群小，疏远忠正，有一于此，岂不灭亡？隋炀帝奢侈自贤，身死匹夫之手，亦为可笑。”

【翻译】

贞观初年，唐太宗对侍从的大臣们说：“人有了明珠，没有不贵重的，如果用它去弹雀，岂不可惜？何况人的性命比明珠更为贵重，看到了金银钱帛，就不怕法网，立即收受，这就是不爱惜性命。明珠是身外之物，尚且不能用来弹雀，何况性命贵重，能用它来换取财物吗？臣下们如能竭尽忠直，有益于国有利于民，那么官爵马上就会到来。如都不能用这种办法来求荣，而乱收钱物，赃贿一旦暴露，自身也就损伤，实在可笑。帝王也是

① 刑网：也就是法网，人犯了法就等于鸟兽自投罗网，所以叫刑网、法网。 ② 博：博取，换取。

这样，尽情放纵取乐，无限度征发劳役，信任小人，疏远忠正，只要做了一件这样的坏事，岂能不遭灭亡？隋炀帝奢侈无度还自以为贤明，身死于匹夫之手，也很可笑。”

贞观四年，太宗谓公卿曰：“朕终日孜孜，非但忧怜百姓，亦欲使卿等长守富贵。天非不高，地非不厚，朕常兢兢业业①，以畏天地。卿等若能小心奉法，常如朕畏天地，非但百姓安宁，自身常得欢乐。古人云：‘贤者多财损其志，愚者多财生其过。’此言可为深诫。若徇私贪浊，非止坏公法，损百姓，纵事未发闻，中心岂不常惧？恐惧既多，亦有因而致死。大丈夫岂得苟贪财物，以害及身命，使子孙每怀愧耻耶？卿等宜深思此言。”

【翻译】

贞观四年，唐太宗对公卿大臣们说：“我整天孜孜不倦，不仅是对百姓爱怜操心，也是想使你们长久保持富贵。天不是不高，地不是不厚，我仍经常兢兢业业，畏惧天地。你们如能小心谨慎奉公守法，常像我畏惧天地那样，不但百姓安宁，你们自身也经常得到欢乐。古人说：

① 兢兢业业：谨慎小心的模样。

‘贤明的人多财会损伤志趣，愚蠢的人多财会产生过错。’这话可以作为深刻的警诫。如果徇私贪赃，不止破坏国法，损害百姓，即使事情尚未败露，内心里岂能不老是恐惧？恐惧过度，也会因此丧命。大丈夫怎能随便贪图财物，来危害生命，使得子孙常感到羞愧耻辱。你们应该好好深思这些话。”

贞观六年，右卫将军陈万福自九成宫赴京①，违法取驿家麸数石②。太宗赐其麸，令自负出以耻之。

【翻译】

贞观六年，右卫将军陈万福自九成宫去京城，从驿站人家处违法取得几石麦麸。唐太宗就把这些麦麸赐给他，让他自己背出去来羞辱他。

贞观十六年，太宗谓侍臣曰：“古人云：‘鸟栖于林，犹恐其不高，复巢于木末；鱼藏于水，犹恐其不深，复穴于窟下。然而为人所获者，皆由贪饵故也。’今人臣受

① 右卫将军：左、右卫担任京城警卫，长官叫左、右卫大将军，下面有将军，是高级武官。 ② 驿：古代的交通设施，由政府设置，派低级小官管理，备有马匹，还可住宿，供传递公文的人和外出官员换马、歇宿。

任，居高位，食厚禄，当须履忠正，蹈公清，则无灾害，长守富贵矣。古人云：'祸福无门，惟人所召[1]。'然陷其身者，皆为贪冒财利，与夫鱼鸟何以异哉？卿等宜思此语为鉴诫。"

【翻译】

贞观十六年，唐太宗对侍从的大臣说："古人说：'鸟儿住在树林里，还担心不够高，又把窝筑在树梢上；鱼儿藏在泉水里，还担心不够深，又钻到水底的洞窟里。然而它们仍然不免被人捕获，那都是因为贪吃诱饵的缘故啊。'现在人臣接受任命，居于高位，享有厚禄，应当竭诚尽忠，廉洁奉公，这样才能没有灾难而长保富贵啊。古人说：'祸福无定，由人自取。'然而身遭灾祸的人，都是因为贪财求利，这和那些鱼儿鸟儿有什么不同呢？你们应该思考这些话，作为鉴诫。"

---

① 这句话见于《左传·襄公二十三年》。意思是祸福无定，由人自取。

崇儒学第二十七篇

《崇儒学》篇凡六章，这里选译五章。本篇与《文史》、《礼乐》篇合为第七卷，内容是尊崇儒学、制礼作乐。自汉武帝独尊儒术后，中国历代封建王朝一直以此为统治思想，用以处理人际关系，调整各种矛盾，维护封建统治。本篇所反映的便是“儒学之兴，古昔未有也”的唐贞观年间崇儒盛况，包括确定仲尼、颜子为先圣、先师；置弘文馆，精选天下文儒；诏崇大儒左丘明等二十一人，并用其书；诏颜师古考定《五经》、孔颖达等撰定《五经正义》等等。这里贞观君臣虽也讨论到诸如“为政之要，惟在得人，用非其才，必难致治”、“人性含灵，待学成而为美”、“古人勤于学问，谓之懿德”等含义较广泛的命题，但大体都围绕崇儒角度进行讨论。

太宗初践阼①，即于正殿之左，置弘文馆，精选天下文儒，令以本官兼署学士，给以五品珍膳，更日宿直。以听朝之隙引入内殿，讨论坟典②，商略政事，或至夜分乃罢。又诏勋贤三品已上子孙为弘文学生。

【翻译】

唐太宗刚即位，就在正殿左边，设置了弘文馆，精心挑选天下通晓儒学的人士，叫他们以本来的官职兼任弘文馆学士，供给五品官员才能享用的好饮食，排好日子在宫内当值歇宿。太宗在上朝听政的间隙把他们召引进内殿，讨论古代典籍，商议谋划政事，有时到半夜才停歇。又下诏让三品以上勋贵、贤臣的子孙充任弘文馆学生。

---

① 践阼（zuò 做）：君主即位。践是用脚踏，阼为殿堂的主阶，走上去就是主位，所以把君主即位叫践阼。 ② 坟典：《左传》昭公十二年有“三坟、五典、八索、九丘”的话，杜预注解说“皆古书名”。因而后来把坟典作为古代典籍的代称。

贞观二年，诏停周公为先圣，始立孔子庙堂于国学①，稽式旧典，以仲尼为先圣，颜子为先师②，两边俎豆干戚之容③，始备于兹矣。是岁大收天下儒士，赐帛给传④，令诣京师，擢以不次，布在廊庙者甚众⑤。学生通一大经已上⑥，咸得署吏。国学增筑学舍四百余间，国子、太学、四门、广文亦增置生员⑦，其书、算各置博士、学生，以备众艺⑧。太宗又数幸国学，令祭酒、司业、博士讲

---

① 国学：国子监，当时的最高学府。 ② 颜子：孔子最得意的学生颜渊。 ③ 俎(zǔ 阻)豆：都是古代装食物用的器皿，这里用来装食物以祭享。干戚：干是盾，戚是斧，本是古代兵器。祭享时要伴以歌舞，文舞手持羽旌，武舞手持干戚。④ 给传：传是驿传。给传是允许乘驿马到京城。 ⑤ 廊庙：朝廷。 ⑥ 大经：唐代推行科举制，按经文字数多少分为大、中、小经，《礼记》、《左传》为大经，《诗》、《周礼》、《仪礼》为中经，《易》、《书》、《公羊传》、《穀梁传》为小经。 ⑦ 国子：国子学，教三品以上等官员的子孙。太学：教五品以上等官员子孙。四门：四门学，教七品以上等官员子弟和非官员人家的子弟当上俊士生的。广文：广文馆，教国子监中修进士业的。
⑧ 书：书学，教八品官员以下子弟和非官员子弟，专学文字训诂学和书法。算：算学，学生对象和书学相同，专学数学。博士：国子、太学、四门、广文、书、算诸学的主讲教师都叫博士。以备众艺：先秦时以礼、乐、射、御、书、数为六艺，所以设了书学、算学可称“以备众艺”。

论[1]，毕，各赐以束帛[2]。四方儒生负书而至者，盖以千数。俄而吐蕃及高昌、高丽、新罗等诸夷酋长[3]，亦遣子弟请入于学。于是国学之内，鼓箧升讲筵者[4]，几至万人，儒学之兴，古昔未有也。

【翻译】

贞观二年，唐太宗下令停止称周公为先圣，开始在国子监里建立孔子庙堂，查考并依照过去的规定，称孔子为先圣，颜子为先师，两边的俎豆、干戚，这时也开始齐备。这年大批招收天下儒士，赏赐布帛，供给车马食宿，命令他们到京师，破格升用，在朝廷做上官的很多。学生读通一种大经以上的，都可以入仕做官。国子监增盖学舍四百多间，国子学、太学、四门学、广文馆也增加了学生名额，书学、算学分别设置博士和学生，使各种技艺都设置齐备。太宗又几次亲临国子监，叫祭酒、司业、博士讲说。讲毕，每人赐给帛一束。全国各地的儒生带了书前来的，数以千计。不久，吐蕃和高昌、高丽、新罗等族的首领，也派遣子弟来长安请求入学。于是国子监

---

① 祭酒：国子监的长官。 ② 束帛：帛五匹为一束。 ③ 高昌：在今新疆吐鲁番，当时曾是个小国，后为太宗所灭。新罗：当时建立在朝鲜半岛东南部的国家。 ④ 箧（qiè 怯）：小方竹器，用来放书。讲筵：讲席，讲座。

之内，带着书箧和登上讲席的，几乎有上万人，如此大兴儒学，古时候不曾有过。

贞观二年，太宗谓侍臣曰："为政之要，惟在得人，用非其才，必难致治。今所任用，必须以德行、学识为本。"谏议大夫王珪曰："人臣若无学业，不能识前言往行①，岂堪大任。汉昭帝时，有人诈称卫太子，聚观者数万人，众皆致惑。隽不疑断以蒯聩之事②。昭帝曰：'公卿大臣，当用经术明于古义者，此则固非刀笔俗吏所可比拟。'"上曰："信如卿言。"

---

① 识（zhì 志）：通"志"，记住。 ② 汉昭帝时……隽（juàn 绢）不疑断以蒯聩（kuǎi 快上声 kuì 溃）之事：西汉昭帝是武帝的幼子刘弗陵，武帝的太子本是卫皇后所生的刘据，因巫蛊之祸在长安擅自起兵，失败被杀。昭帝即位后，有人冒充卫太子到长安，没有人敢说是真是假，京兆尹隽不疑断然把这个人抓起来，并引用了《春秋》这部经书中所讲处理蒯聩的办法。蒯聩是春秋时卫灵公的世子，得罪了父亲灵公而出奔宋国，灵公死后，孙子也就是蒯聩的儿子出公即位，蒯聩回到卫国来争做国君，出公抗拒他，《春秋》认为是对的，因为蒯聩得罪了父亲灵公。因此隽不疑认为这个人即使是真的卫太子，也得罪过武帝，可以抓起来。结果经审问证实这个人真是假的。

【翻译】

贞观二年，唐太宗对侍从的大臣们说："掌管政事的关键，就在于得到合适的人才来使用，用非其才，就必然难于治理好国政。如今所要任用的人才，必须以德行、学识为本。"谏议大夫王珪说："人臣如果没有学问，不能记住前人的言行，怎能担当大任。汉昭帝时，有人冒充卫太子，围观的有好几万人，大家都感到困惑不好办，隽不疑用蒯聩的先例来断然处理。汉昭帝说：'公卿大臣，应当任用通晓经术懂得古义的人，这本不是文墨俗吏之辈所能相比的。'"太宗说："确实像你所说的。"

贞观四年，太宗以经籍去圣久远①，文字讹谬，诏前中书侍郎颜师古于秘书省考定《五经》。及功毕，复诏尚书左仆射房玄龄集诸儒重加评议。时诸儒传习师说，舛谬已久②，皆共非之，异端蜂起。而师古辄引晋、宋已来古本，随方晓答，援据详明，皆出其意表，诸儒莫不叹服。太宗称善者久之，赐帛五百匹，加授通直散骑常侍③，颁

① 经籍去圣久远：过去认为《诗》、《书》、《礼》、《易》、《春秋》等经籍都经孔子这位圣人所审定，唐初离开孔子的时代已有一千一百多年，所以说去圣久远。 ② 舛（chuǎn 喘）：错乱。 ③ 通直散骑常侍：是虚衔性质的散官。

其所定书于天下，令学者习焉。太宗又以文学多门①，章句繁杂②，诏师古与国子祭酒孔颖达等诸儒，撰定《五经》疏义，凡一百八十卷，名曰《五经正义》③，付国学施行。

【翻译】

贞观四年，唐太宗以为经籍离开圣人已经久远，文字讹误，便下令叫前中书侍郎颜师古在秘书省考定《五经》。到完工后，又下令叫尚书左仆射房玄龄召集许多儒者再详细讨论。当时这些儒者沿袭旧说，错乱讹误相沿已久，都不同意颜师古的考定，各种异说蜂起。而颜师古引用晋、宋以来古本，对他们提出的问题清楚地回答，引经据典一一详明，都出人意料，使得这些儒者无不叹服。太宗也称赞了好一会，赏赐他帛五百匹，加授他为通直散骑常侍，把他所考定的本子颁布天下，叫读书人都学习。太宗又因为博士师承传授不同，章句繁杂，下令叫颜师古和国子祭酒孔颖达等大儒，撰定《五经》的疏义，共一百八十卷，总称《五经正义》，交付国子监作教材使用。

---

① 文学：这里是指传授儒学的博士。 ② 章句：给经籍所作的注解。 ③《五经正义》：是《周易正义》、《尚书正义》、《毛诗正义》、《礼记正义》和《春秋左传正义》，宋以后都收入《十三经注疏》中。

太宗尝谓中书令岑文本曰："夫人虽禀定性，必须博学以成其道。亦犹蜃性含水[1]，待月光而水垂；木性怀火，待燧动而焰发[2]；人性含灵，待学成而为美。是以苏秦刺股[3]，董生垂帷[4]。不勤道艺，则其名不立。"文本对曰："夫人性相近，情则迁移，必须以学饬情以成其性。《礼》云：'玉不琢，不成器，人不学，不知道[5]。'所以古人勤于学问，谓之懿德。"

【翻译】

唐太宗曾对中书令岑文本说："人虽然秉有一定的天性，必须博学才能有所成就。也好比蜃的本性含有水，要见到月光才能吐水；木的本性含有火，燧石敲打才能发火；人的本性含有精灵，要学习成功才能美善。所以苏秦刺股读书，董仲舒放下帷帐讲学。不勤奋于道艺，功名就不会树立。"岑文本对答说："人的本性都很相近，情趣却可有所迁移，必须用学习来整饬情趣使

---

① 蜃(shèn 慎)性……水垂：蜃是大蛤，古人说它见了月光就会吐水。 ② 燧：燧石，用石器敲打后迸发出火星能把草木点着。古人用这种方法取火。 ③ 苏秦刺股：苏秦为战国时纵横家，读书困倦时，就用利锥刺股，使自己惊醒。 ④ 董生垂帷：董生就是西汉大儒董仲舒，放下帷帐专心讲学。 ⑤ 玉不琢……不知道：这两句话见于《礼记·学记》。

本性完善。《礼记》说：‘玉石不经雕琢就不成为器具，人不学习就不懂道理。’所以古人勤于学问，这就叫做美德。”

文史第二十八篇

《文史》篇凡四章，这里选译一章。本篇入选的四章，主要是贞观君臣讨论唐太宗应该怎样对待记载自己言行的起居注，并没有多少文史方面的内容。唐太宗认为“朕每观前代史书，彰善瘅恶，足为将来规诫”。转而又提出“今欲自看国史者，若有不善，亦欲以为鉴诫，使得自修改耳”。这种所谓鼓励史官直笔的理由，显然没人相信。故褚遂良认为：“今之起居，古之左、右史，以记人君言行，善恶毕分，庶几人主不为非法，不闻帝王躬自观史。”不过唐太宗还能要求史官对“其有上书论事，词理切直，可裨于政理者，朕从与不从皆须备载”，这是应当肯定的。

贞观十四年，太宗谓房玄龄曰："朕每观前代史书，彰善瘅恶①，足为将来规诫。不知自古当代国史，何因不令帝王亲见之？"对曰："国史既善恶必书，庶几人主不为非法。止应畏有忤旨，故不得见也。"太宗曰："朕意殊不同古人。今欲自看国史者，盖有善事，固不须论；若有不善，亦欲以为鉴诫，使得自修改耳。卿可撰录进来。"玄龄等遂删略国史为编年体，撰高祖、太宗实录各二十卷，表上之。太宗见六月四日事②，语多微文③，乃谓玄龄曰："昔周公诛管、蔡而周室安，季友鸩叔牙而鲁国宁④，朕之所为，义同此类，盖所以安社稷，利万民耳。史官执笔，何烦有隐？宜即改削浮词，直书其事。"侍中魏徵奏曰："臣闻人主位居尊极，无所忌惮，惟有国史，用为惩恶劝善，书不以实，后嗣何观？陛下今遣史官正其辞，雅合至公之道。"

---

① 瘅（dàn 旦）：憎恨，抨击。 ② 六月四日事：指武德九年六月四日玄武门之变，秦王李世民袭杀太子建成、齐王元吉这件事。 ③ 微文：意思含蓄不明白讲出来。 ④ 季友鸩（zhèn 震）叔牙而鲁国宁：鸩是毒酒。春秋时鲁庄公有三个弟弟，长庆父、次叔牙、次季友，庄公病重，要让儿子班即位，而叔牙主张立庆父，季友支持庄公，主张立班，派人用鸩酒把叔牙毒死。

【翻译】

贞观十四年，唐太宗对房玄龄说："我每看前代史书，表彰好的抨击恶的，足以规劝警戒后人。不知道自古以来当代的国史，为什么不让帝王亲自看到？"房玄龄回答说："国史既然善恶必书，可以使君主不做非法的事情。只是怕有触犯旨意的地方，所以不让君主本人看到。"太宗说："我的想法不同于古人。现在要亲自看国史，是因为如记有好事，自不必说；如记有不好的事，也想引为鉴戒，使自己得以改正。你们可撰写抄录好送来。"房玄龄等人就把国史加以删简整理成按年月顺序记事的编年体，撰写成高祖和太宗的《实录》各二十卷，上表呈献。太宗看到六月四日所记玄武门之变的事情说得很含蓄，就对房玄龄说："从前周公东征诛杀管叔、蔡叔而使周室得以安定，季友鸩死叔牙而使鲁国得以宁静，我所做的，在道理上同于这类事情，是用来安定社稷，以利万民。史官执笔，何用隐晦？应当立即改削虚饰之词，直接把这件事写清楚。"侍中魏徵上奏说："我听说君主身居最高的尊位，无所顾忌惧怕，只有国史，用来惩恶劝善，如果写的不真实，让后代看什么？陛下如今叫史官改正《实录》里的写法，很符合公正的道理。"

礼乐第二十九篇

《礼乐》篇凡十二章，这里选译一章。本篇是这一卷的中心内容，封建儒学的理论，是要通过制礼作乐来保证实施的。制定和修正各种礼乐制度，是封建朝廷一件具体的大事情。正如本篇所述："礼所以决嫌疑，定犹豫，别同异，明是非者也。"处理的原则是"人道所先，在乎敦睦九族"，"由乎亲亲，以近及远"。然后再去处理统治阶级内部的各种复杂关系，如篇中提到的皇亲与大臣，帝子与诸叔，父母之丧与巫书之言，儒道之尊与父母之尊等，而最为近代史家所重视的例子则是唐太宗贞观六年令撰《氏族志》一事，对于传统的山东崔、卢、李、郑四姓大族的态度，是封建统治集团中权力再分配的一件大事，以“礼”的面貌出现的《氏族志》在处理这个尖锐矛盾中的态度是颇有典型意义的。

贞观六年，太宗谓尚书左仆射房玄龄曰：“比有山东崔、卢、李、郑四姓①，虽累叶陵迟②，犹恃其旧地，好自矜大，称为士大夫。每嫁女他族，必广索聘财，以多为贵，论数定约，同于市贾，甚损风俗，有紊《礼经》③，既轻重失宜，理须改革。”乃诏吏部尚书高士廉、御史大夫韦挺、中书侍郎岑文本、礼部侍郎令狐德棻等，刊正姓氏、普责天下谱牒，兼据凭史、传，剪其浮华，定其真伪，忠贤者褒进，悖逆者贬黜，撰为《氏族志》。士廉等及进定氏族等第，遂以崔干为第一等。太宗谓曰：“我与山东崔、卢、李、郑，旧既无嫌，为其世代衰微，全无官宦，犹自云士大夫。婚姻之际，则多索财物。或才识庸下，而偃仰自高④，贩鬻松槚⑤，依托富贵，我不解人间何为重之？且士大夫有能立功，爵位崇重；善事君父，忠孝可称；或道

---

① 山东：华山、崤山以东广大地区，主要包括今河南、山东、河北等省。 ② 叶：世，代。陵迟：衰颓。 ③《礼经》：本指《仪礼》，但这时《礼记》也已升格为经。 ④ 偃仰：仰卧，这里是悠然自得的意思。 ⑤ 贩鬻松槚（jiǎ 甲）：槚就是楸，和松常种在坟墓前，贩鬻松槚就是炫耀死去的阔祖先。

义清素，学艺通博：此亦足为门户，可谓天下士大夫。今崔、卢之属，唯矜远叶衣冠①，宁比当朝之贵？公卿已下，何暇多输钱物，兼与他气势，向声背实，以得为荣。我今定氏族者，诚欲崇树今朝冠冕②，何因崔干犹为第一等，只看卿等不贵我官爵耶！不论数代已前，只取今日官品、人才作等级，宜一量定，用为永则。”遂以崔干为第三等。至十二年书成，凡百卷，颁天下。又诏曰：“氏族之美，实系于冠冕，婚姻之道，莫先于仁义。自有魏失御，齐氏云亡，市朝既迁③，风俗陵替。燕、赵古姓，多失衣冠之绪，齐、韩旧族④，或乖礼义之风。名不著于州闾⑤，身未免于贫贱，自号高门之胄⑥，不敦匹嫡之仪⑦，问名唯

---

① 衣冠：古代士以上才戴冠，衣冠就是指累代做官的人。② 冠冕：泛指士大夫和官宦。③ 市朝：古代大城里的商业区叫市，朝就是朝廷，市朝就是朝野的意思。④ 燕、赵古姓……齐、韩旧族：这是战国时的燕、赵、齐、韩，燕在今河北，赵在今山西，齐在今山东，韩在今河南。在当时都是山东地区，这两句话也就是指山东旧族。⑤ 州闾：古代民户编制，二千五百家为州，二十五家为闾，州闾也就是乡里的意思。⑥ 胄(zhòu 宙)：后裔，但专指皇室或贵族后裔。⑦ 敦：讲究，重视。匹：配偶。嫡：正妻。

在于窃赀[1]，结褵必归于富室[2]。乃有新官之辈，丰财之家，慕其祖宗，竞结婚姻，多纳货贿，有如贩鬻。或自贬家门，受辱于姻娅[3]；或矜其旧望，行无礼于舅姑[4]。积习成俗，迄今未已，既紊人伦[5]，实亏名教。朕夙夜兢惕，忧勤政道，往代蠹害，咸已惩革，唯此弊风，未能尽变。自今已后，明加告示，使识嫁娶之序，务合礼典，称朕意焉。"

【翻译】

贞观六年，唐太宗对尚书左仆射房玄龄说："近来有山东的崔、卢、李、郑四姓，虽然在前好几代已经败落，仍然依仗旧有的地望，喜欢自夸自大，号称士大夫。每当把女儿嫁给其他家族，总要大肆索取聘礼财物，以多为贵，讲数目定婚约，如同市里的商贩，败坏了风俗，打乱了《礼经》的规定。轻重既然如此失当，理应有所改革。"于是就下诏叫吏部尚书高士廉、御史大夫韦挺、中书侍

---

① 问名：古代婚礼中的"六礼"之一，由媒人问女方的名字和生年月日叫问名。 ② 结褵（lí 离）：褵同"缡"，是古代女子出嫁时所系的佩巾。由女子的母亲把褵结在女子的身上，叫结褵，后来用做结婚或嫁女儿的代称。 ③ 姻娅：婿父称姻，两婿互称为娅。后来泛指有婚姻关系的亲戚。 ④ 舅姑：妻称夫的父亲叫舅，夫的母亲叫姑。 ⑤ 紊（wěn 吻）：乱。

郎岑文本、礼部侍郎令狐德棻等人订正姓氏，普遍收集全国谱牒，并根据史书传记，删除浮华，考定真假，上代定出了忠贤提升等级，出了叛逆的加以贬黜，从而撰写一部《氏族志》。高士廉等人在进呈所定的氏族等第时，仍把崔干列为第一等。太宗说："我和山东的崔、卢、李、郑，并无宿怨，只是因为他们世代衰微，已全无人做官，却还自称是士大夫，婚嫁的时候，就大量索取财物。有的人才能见识平庸低劣，却还悠然自得地夸张高门，炫耀死去的祖先，依附于富贵之列，我真不明白社会上为什么会看重他们。而且士大夫如能建立功业，爵位隆重，善于侍奉君主和父亲，忠孝都值得称赞；或者道德仁义高尚，学艺通博：这样也足以自立门户，称得上是天下的士大夫。如今崔、卢之类，只是自恃远祖的高官厚爵，这怎能和当朝的显贵相比？公卿以下的人，何苦给他们多送财物，助长他们的气势，只图虚名不顾实际，想借此使自己光彩。我如今所以要重定氏族，为的是树立当今显贵的地位，为什么还把崔干列在第一等，这不是你们看轻我朝的官爵？不管几代以前，只按照今天的官品、人才来定等级，应该在这次量定后，永远作为准则。"于是把崔干定为第三等。到贞观十二年全书完成，共计一百卷，颁行天下。并下令说："氏族高下，要以官爵相联系，婚姻的正道，要以仁义为先。自从北魏失国，北齐灭亡，朝野变化，风俗衰败。早先的燕、赵古姓，后人多失去官爵；以前齐、韩旧族，行为也有背礼义。他们名不闻于乡里，身不免于贫贱，却自称高门后裔，而不讲究嫁娶礼仪，问名只在于勒索财物，女儿必嫁给富贵之家。于是也有新做官的人，和钱财多的人家，羡慕人家的祖宗，抢着和人家攀亲，多送财物，如同买卖。双方有的自愿贬低家门，受辱于姻亲。有的夸耀过去的地望，在公婆面前行为无礼。这种做法已积久成了习俗，至今还未改变，既紊乱了人伦，也有亏于名教。我日夜谨慎小心，操劳政事，历代的弊端祸害，都已制止革除，唯有这项坏风气，还没有完全转变。从今以后，给大家讲清楚，要懂得嫁娶的规矩，务必合乎礼法，使我称心如意。”

务农第三十篇

《务农》篇凡四章，这里选译二章。第八卷包括《务农》与《刑法》、《赦令》、《贡赋》、《辩兴亡》等五篇，内容显得较为松散，是贞观年间有关方面政策的讨论。《务农》与《贡赋》为一组，讨论封建社会中务本的问题。唐太宗认为“凡事皆须务本。国以人为本，人以衣食为本，凡营衣食，以不失时为本。”而到贞观十六年时，他宣称“朕常欲赐天下之人，皆使富贵。今省徭赋，不夺其时，使比屋之人，恣其耕稼，此则富矣。敦行礼让，使乡闾之间，少敬长，妻敬夫，此则贵矣。但令天下皆然，朕不听管弦，不从畋猎，乐在其中矣。”确实在一定程度上实现了禾黍丰登的局面。这跟唐太宗在贞观年间实行重农政策，主张“农时甚要，不可暂失”，反对“动静必依阴阳，不顾理义”等是分不开的。

贞观二年，太宗谓侍臣曰：“凡事皆须务本。国以人为本，人以衣食为本，凡营衣食，以不失时为本。夫不失时者，在人君简静乃可致耳。若兵戈屡动，土木不息，而欲不夺农时，其可得乎？”王珪曰：“昔秦皇、汉武，外则穷极兵戈，内则崇侈宫室，人力既竭，祸难遂兴，彼岂不欲安人乎？失所以安人之道也。亡隋之辙，殷鉴不远①，陛下亲承其弊，知所以易之，然在初则易，终之实难。伏愿慎终如始，方尽其美。”太宗曰：“公言是也。夫安人宁国，惟在于君，君无为则人乐，君多欲则人苦，朕所以抑情损欲、克己自励耳。”

【翻译】

贞观二年，唐太宗对侍从的大臣们说：“任何事情都必须狠抓根本。国家以人民为根本，人民以衣食为根

---

① 殷鉴：《诗·大雅·荡》说：“殷鉴不远，在夏后之世。”是说殷商灭夏，殷商后人应以夏的灭亡为鉴戒，后来把鉴戒往事都称殷鉴。

本，凡经营农桑衣食，以不失时机为根本。要不失时机，只有君主不生事劳民才能做到。假若连年打仗，营建不停，而想不占用农时，能办得到吗？”王珪说：“从前秦始皇、汉武帝，对外穷兵黩武，对内大建宫室，人力既已用尽，灾祸也就发生，他们难道不想安定百姓吗？只是失去了安定百姓的正当办法。隋代灭亡的事情，就是眼前的鉴戒，陛下亲身承受隋朝遗留下来的弊病，懂得怎样去改变，不过刚开始还比较容易，要坚持到底就很难。我真希望陛下自始至终小心谨慎，才能把好事做到头。”太宗说：“你讲得很对。安定百姓宁静国家，关键在于君主，君主能与民休息百姓就欢乐，君主多私欲百姓就痛苦，这就是我所以不任情纵欲、克制砥砺自己的原因。”

贞观五年，有司上书言：“皇太子将行冠礼[1]，宜用二月为吉，请追兵以备仪注。”太宗曰：“今东作方兴[2]，恐妨农事。”令改用十月。太子少保萧瑀奏言：“准阴阳家[3]，用二月为胜。”太宗曰：“阴阳拘忌，朕所不行。若动静必依阴阳，不顾理义，欲求福祐，其可得乎？若所行皆遵正

① 冠礼：古代男子成年时举行加冠的礼仪，行了冠礼后就享受成年人的权利并承担相应的义务。 ② 东作：春耕。③ 阴阳家：本为先秦的一个学派。后来则把择日、星相、占卜、风水搞迷信活动的也称阴阳家。

道，自然常与吉会。且吉凶在人，岂假阴阳拘忌？农时甚要，不可暂失。”

【翻译】

贞观五年，主管部门上书说：“皇太子即将举行加冠礼，应当在二月里举行才吉祥，请增加兵卫仪仗使礼节齐备。”太宗说：“如今春耕生产刚开始，怕要妨碍农事。”下令改在十月里。太子少保萧瑀上奏说：“按照阴阳家推算，在二月里最好。”太宗说：“阴阳讲究禁忌，我从不搞那一套。如果一举一动都必须依照阴阳家去办，不顾道理，而想求得福祐吉祥，这难道可能得到吗？如果所做的都遵照正道，自然经常吉祥。而且吉凶取决于人，怎会靠阴阳禁忌？农时很要紧，不能一刻耽误。”

刑法第三十一篇

《刑法》篇凡八章，这里选译三章。本篇与《赦令》篇是一组讨论法治的文章。贞观君臣颇有一些可取的观点。如魏徵上疏曰："夫刑赏之本，在乎劝善而惩恶。刑滥，则小人道长，赏谬，则君子道消。小人之恶不惩，君子之善不劝，而望治安刑措，非所闻也。"张蕴古表上《大宝箴》中讲到"大明无偏照，至公无私亲；故以一人治天下，不以天下奉一人。"唐太宗在法治方面，对于死刑重罪的判处比较审慎。一再下诏："凡有死刑，虽令即决，皆须五覆奏。"认为"理国守法，事须划一"，不能"开侥幸之路"，反对大加诛连，使"递相掩蔽，罪人使失"，而各主管部门"各有司存，利在称职”等。当然也有一些主张是荒谬的，如称“自今奴告主者，不须受，尽令斩决。”这也是阶级利益所决定的。

贞观元年，太宗谓侍臣曰：“死者不可再生，用法务在宽简。古人云，鬻棺者，欲岁之疫，非疾于人，利于棺售故耳。今法司覈理一狱①，必求深刻，欲成其考课②。今作何法，得使平允？”谏议大夫王珪进曰：“但选公直良善人，断狱允当者，增秩赐金，即奸伪自息。”诏从之。太宗又曰：“古者断狱，必讯于三槐、九棘之官③，今三公、九卿④，即其职也。自今以后，大辟罪⑤，皆令中书、门下四品已上及尚书九卿议之，如此，庶免冤滥。”由是至四年，断死刑天下二十九人，几致刑措⑥。

---

① 覈（hé 核）：同“核”。 ② 考课：考核官员的功过善恶，按照标准，评定等级，好的提升，坏的罢黜。 ③ 三槐、九棘之官：据说周天子的朝堂上有三株槐树，三公朝见时站在下面，左右又各有九株棘树，卿、大夫和诸侯等分别站在下面。 ④ 三公：唐代的太尉、司徒、司空为三公。九卿：唐代的太常寺卿、光禄寺卿、卫尉寺卿、宗正寺卿、太仆寺卿、大理寺卿、鸿胪寺卿、司农寺卿、太府寺卿为九卿。 ⑤ 大辟：死刑。 ⑥ 刑措：措是搁置，刑措是刑法搁置不用。

【翻译】

贞观元年，唐太宗对侍从的大臣们说："人死了不可能再复活，所以执法务必要宽大简约。古人说卖棺木的人希望年年发生瘟疫，并不是对人仇恨，而是利于棺木出售的缘故。如今执法部门审理每件狱案，总是追求苛严，想用来博得好的考核成绩。如今该用什么办法，可以做到公平允当？"谏议大夫王珪进言道："只要选拔公直良善的人，判断狱案允当，给增加俸禄，赏赐金帛，那么奸伪邪恶自然止息。"太宗下令按这个办法实行。太宗又说："古时候判断狱案，一定要向三槐、九棘之官询问，当今的三公、九卿就是这样的职责。从今以后，遇有死刑，都叫中书、门下两省四品以上高官以及尚书、九卿来议论，这样做，才有可能避免冤狱滥刑。"由于这样，到贞观四年，判处死刑的人全国只有二十九人，几乎做到刑法搁置不用。

贞观五年，张蕴古为大理丞。相州人李好德素有风疾①，言涉妖妄，诏令鞫其狱②。蕴古言："好德癫病有征，法不当坐。"太宗许将宽宥。蕴古密报其旨，仍引与

① 风疾：疯癫病，今天通称精神病。 ② 鞫（jū 居）：审讯。

博戏①。持书侍御史权万纪劾奏之，太宗大怒，令斩于东市。既而悔之，谓房玄龄曰："公等食人之禄，须忧人之忧，事无巨细，咸当留意。今不问则不言，见事都不谏诤，何所辅弼？如蕴古身为法官，与囚博戏，漏泄朕言，此亦罪状甚重，若据常律，未至极刑。朕当时盛怒，即令处置，公等竟无一言，所司又不复奏，遂即决之，岂是道理？"因诏曰："凡有死刑，虽令即决，皆须五复奏。"五复奏，自蕴古始也。又曰："守文定罪，或恐有冤。自今以后，门下省复，有据法令合死而情可矜者，宜录奏闻。"……

【翻译】

贞观五年，张蕴古任大理丞。相州人李好德，一向有疯癫病，讲了些荒谬狂妄的话，唐太宗叫张蕴古审讯。张蕴古说："李好德患疯癫病证据确凿，按照法律不应坐罪。"太宗答应准备予以从宽处理。张蕴古私下把太宗的旨意告诉李好德，并和他一起博戏。持书侍御史权万纪弹劾张蕴古，太宗听了大怒，下令把张蕴古在东市斩

① 博戏：古代两个人对下的一种棋，各有六颗棋子，棋局有十二道，两头当中叫水，水里放鱼两枚，先掷采，后行棋，吃掉一鱼得两筹，得筹多的取胜。

首。不久后悔,对房玄龄说:“你们拿着君主的俸禄,就要替君主分忧,事无大小,都得留心。如今不问到就不说,看到事情都不谏诤,这怎么能叫辅弼?如张蕴古身为法官,和狱囚一起博戏,还泄露我的话,这也应说罪状很重,但如果按照正常的法律量罪,不至于判处死刑。我当时盛怒,立即下令处死,你们竟不说一句话,主管部门又不复奏,就把他处决,难道合乎道理?”于是下诏说:“凡有死刑,虽下令立即处决,都还得五次复奏。”五复奏的规定,就是从张蕴古这件事情开始的。诏令中又说:“遵照律文定罪,也可能有冤。从今以后,由门下省复审,有按照法令应当处死而情有可原的,应将案情抄录奏报。”……

贞观九年,盐泽道行军总管、岷州都督高甑生坐违李靖节度①,又诬告靖谋逆,减死徙边。时有上言者曰:

① 盐泽道行军总管:盐泽是古湖泊,即今新疆罗布泊。唐初出兵,设置某某道大总管为统帅,下面有某某等道几个总管。这次是打吐谷(yù 玉)浑,李靖为西海道行军大总管,高甑(zèng 赠)生是他下面的盐泽道行军总管,这西海、盐泽是指大体方向,并非真的划分战区。岷州:治所在今甘肃岷县。

“甑生旧秦府功臣，请宽其过。”太宗曰：“虽是藩邸旧劳①，诚不可忘，然理国守法，事须画一，今若赦之，使开侥幸之路。且国家建义太原，元从及征战有功者甚众，若甑生获免，谁不觊觎②，有功之人，皆须犯法。我所以必不赦者，正为此也。”

【翻译】

贞观九年，盐泽道行军总管、岷州都督高甑生由于违抗李靖的节制调度，还诬告李靖谋反，被减免死罪流放到边远地方。当时有人上书说：“高甑生是当年秦王府的功臣，请求宽免他的过错。”唐太宗说：“他是在藩邸出过力的人，确实不应该忘记，但是治国守法，必须划一，今天如果赦免他，就开了侥幸之路。而且国家起兵太原，一开始就参加的和作战有功的人很多，如果高甑生得以免罪，谁不存侥幸之想，那么有功的人，都会犯法。我所以决定不予赦免，正是为了这个缘故。”

---

① 藩邸(dǐ 底)：藩是藩王，邸是府第，这里即指太宗为秦王时的王府。 ② 觊觎(jì yú 季俞)：非分想望。

赦令第三十二篇

《赦令》篇凡四章，这里选译一章。本篇为《刑法》的姊妹篇，显然，刑法是主要的，赦令只是一点补充。唐太宗明确认为："国家法令，惟须简约，不可一罪作数种条。格式既多，官人不能尽记，更生奸诈，若欲出罪即引轻条，若欲入罪即引重条。"注意防止偏差。对于赦令，唐太宗认为："凡养稂莠者伤禾稼，惠奸宄者贼良人。……故诸葛亮治蜀十年不赦，而蜀大化。梁武帝每年数赦，卒至倾败。……故我有天下已来，绝不放赦。"这是比较正确的。推而广之，认为"诏令格式，若不常定，则人心多惑，奸诈益生。"力求法治的稳定。

贞观七年，太宗谓侍臣曰："天下愚人者多，智人者少，智者不肯为恶，愚人好犯宪章①。凡赦宥之恩，惟及不轨之辈。古语云：'小人之幸，君子之不幸'。'一岁再赦，善人喑哑②。'凡养稂莠者伤禾稼③，惠奸宄者贼良人④。昔文王作罚，刑兹无赦⑤。又蜀先主尝谓诸葛亮曰⑥：'吾周旋陈元方、郑康成之间⑦，每见启告治乱之道备矣，曾不语赦。'故诸葛亮治蜀十年不赦，而蜀大化。梁武帝每年数赦，卒主倾败。夫谋小仁者，大仁之贼，故我有天下已来，绝不放赦。今四海安宁，礼义兴行，非常之恩，弥不可数。将恐愚人常冀侥幸，惟欲犯法，不能改过。"

【翻译】

贞观七年，唐太宗对侍从的大臣们说："天下无知的人多，聪明的人少，聪明人不肯做坏事，无知的人却喜欢触犯法律。凡是赦免宽宥的恩典，只能给那些不轨之徒。古话说：'小人的幸运，就是君子的不幸'。'一年再

---

① 宪：法令。 ② 喑(yīn 阴)哑：喑也是哑，这里用喑哑是不想说话的意思。 ③ 稂莠(láng yǒu 郎有)：样子像苗的恶草。 ④ 奸宄(guǐ 轨)：指犯法作乱的人。 ⑤ 文王作罚，刑兹无赦：这句话见于《尚书·康诰》。 ⑥ 蜀先主：刘备。 ⑦ 陈元方：名纪，东汉末名士。郑康成：名玄，东汉末经学家。

次赦宥，好人就不想说话。’凡是保养稂莠之类的杂草，就会伤害田中禾苗，将恩惠施给奸宄的人就会伤害好人。从前周文王制定刑罚，对触犯刑罚的一概不予赦宥。还有蜀先主刘备曾对诸葛亮说：‘我曾和陈元方、郑康成往来，常见到他们讲说治乱之道，已讲得很齐全，但从来不曾讲到要赦宥。’因此诸葛亮治理蜀国，十年不赦，而蜀国大治。梁武帝每年几次赦宥，终于导致倾覆败亡。这种谋求小仁的做法，实际上是对大仁损害，所以我取得天下以来，绝不颁发赦令。如今四海安宁，礼义盛行，特殊的恩典，数不胜数。否则怕无知的人常存侥幸之心，只想犯法，而不能改正过错。”

贡赋第三十三篇

《贡赋》篇凡五章，这里选译一章。本篇所说的贡赋，不是指对一般百姓的“省徭赋，不夺其时，使比屋之人，恣其耕稼。”而是专门指“任土作贡，布在前典，当州所产，则充庭实。”即唐代诸州的朝集使入京所奉贡物以及方外各国的遣使进贡。本篇五章所反映的内容，说明唐太宗在这个问题上头脑还比较清醒，他说：“比闻都督、刺史邀射声名，厥土所赋，或嫌其不善，逾意外求，更相仿效，遂以成俗，极为劳扰。宜改此弊，不得更然。”对于高丽、疏勒、林邑等方外各国遣使贡物，也表示“朕何德以堪之！睹此翻怀危惧。”并令将美女却还，鹦鹉放林，要求在朝王公大臣，对此类事也要“直言正谏，以相匡弼”。

贞观二年，太宗谓朝集使曰①：“任土作贡，布在前典，当州所产，则充庭实②。比闻都督，刺史邀射声名，厥土所赋，或嫌其不善，逾意外求，更相仿效，遂以成俗，极为劳扰。宜改此弊，不得更然。”

【翻译】

贞观二年，唐太宗对各地来朝廷进贡的使者说：“根据土地物产确定贡赋，以前已发布典章制度，本州所产，就充贡品。近来听到都督、刺史追求声名，本地贡赋，有的嫌它不好，就越境到外地寻求，互相仿效，成为习俗，极其劳烦。应该改掉这种弊病，不得再这么做。”

① 朝集使：各州派到京城向中央汇报工作的，当时叫朝集使。 ② 庭实：朝见天子时把贡品陈列在中庭，叫庭实。

辩兴亡第三十四篇

《辩兴亡》篇凡五章，这里选译三章。该篇在这一卷内有它的相对独立性，事实上辩兴亡的问题可以看做《贞观政要》全书的要旨。贞观君臣讨论种种政纲国策，最后都归结为辩明王朝兴亡的道理，吸取历史教训，以求唐王朝的永存。本篇各章的内容，不少已散见于其他各篇，如炀帝“奢华无道，遂致灭亡”、“周既克殷，务弘仁义；秦既得志，专行诈力”等，并记述了唐太宗这样的观点：“顷读周、齐史，末代亡国之主，为恶多相类也。……朕常谓此犹如馋人自食其肉，肉尽必死。人君赋敛不已，百姓既弊，其君亦亡，齐主即是也。”对历代王朝的兴亡原因，理解比较深刻。

贞观初，太宗从容谓侍臣曰："周武平纣之乱，以有天下，秦皇因周之衰，遂吞六国，其得天下不殊，祚运长短若此之相悬也？"尚书右仆射萧瑀进曰："纣为无道，天下苦之，故八百诸侯，不期而会①。周室微，六国无罪，秦氏专任智力，蚕食诸侯。平定虽同，人情则异。"太宗曰："不然，周既克殷，务弘仁义；秦既得志，专行诈力。非但取之有异，抑亦守之不同。祚之修短，意在兹乎！"

【翻译】

贞观初年，唐太宗在闲谈时对侍从的大臣们说："周武王平定了殷纣王之乱，取得了天下，秦始皇趁周王室之衰微，就吞并了六国，他们取得天下没有什么不同，为什么国运长短如此相悬殊？"尚书右仆射萧瑀进言说："殷纣王无道，天下都为他受苦，所以八百诸侯，不约而会师。周室衰微，六国无罪，秦国完全是倚仗智诈暴力，蚕食诸侯。虽然同是平定天下，人们对待他们的态度却不一样。"太宗说："不对，周灭殷以后，一心推行仁义；秦

① 八百诸侯，不期而会：相传周武王伐纣，八百诸侯不约而会师盟津（今河南孟津）东北黄河渡口。

得志以后，专门玩弄智诈暴力。这不仅取得天下有差别，而且保持天下也不相同。国运之所以有长有短，道理大概就在这里吧！”

贞观五年，太宗谓侍臣曰：“天道福善祸淫，事犹影响①。昔启民亡国来奔②，隋文帝不吝粟帛，大兴士众，营卫安置，乃得存立。既而强富，子孙不思念报德，才至始毕③，即起兵围炀帝于雁门④。及隋国乱，又恃强深入，遂使昔安立其国家者，身及子孙并为颉利兄弟之所屠戮⑤。今颉利破亡⑥，岂非背恩忘义所至也？”群臣咸曰：“诚如圣旨。”

---

① 影响：影响两字在这里的用法始见于《伪古文尚书·大禹谟》，意思是做了好事得到好结果，做了坏事得到坏结果，就像有了形就有影，有了声音会有回响，快得很。 ② 启民亡国来奔：启民可汗原称突利可汗，东突厥内乱，突利可汗受到大可汗都蓝可汗攻击，南逃投隋，隋立他为启民可汗，成为统治东突厥的大可汗。 ③ 始毕：始毕可汗，启民可汗的儿子。 ④ 雁门：雁门关，在今山西代县北。 ⑤ 兄弟之所屠戮今颉利：这九个字原书几个本子都脱漏掉，根据《旧唐书·突厥传》补足。颉利可汗：启民可汗第三个儿子，始毕可汗死，弟处罗可汗即位，处罗可汗死，弟颉利可汗即位。颉利兄弟：指始毕、处罗、颉利等可汗，他们都是兄弟关系。 ⑥ 今颉利破亡：指贞观四年(630)李靖大破东突厥，俘获颉利可汗这件事。

【翻译】

贞观五年，唐太宗对侍从的大臣们说："天道给善人降福，给坏人降祸，快得像影子随形、回响随声一样。当年突厥的启民可汗失国南奔，隋文帝不惜粟帛钱财，动员了大批兵众守卫安置，使他们能够生存下来。不久突厥富强了，启民可汗的子孙不想报答恩德，到始毕可汗时，就起兵把隋炀帝围困在雁门关。等到隋朝大乱，又恃强深入，致使当年帮助启民可汗安家立国的隋朝官员，自身和子孙都遭到了颉利可汗兄弟的屠杀。如今颉利可汗破灭，难道不是忘恩负义所得到的结果吗？"大臣们都说："确实像陛下所说的那样。"

贞观九年，太宗谓魏徵曰："顷读周、齐史，末代亡国之主，为恶多相类也。齐主深好奢侈①，所有府库，用之略尽，乃至关市无不税敛。朕常谓此犹如馋人自食其肉，肉尽必死。人君赋敛不已，百姓既弊，其君亦亡，齐主即是也。然天元、齐主②，若为优劣？"徵对曰："二主亡国虽同，其行则别。齐主懦弱③，政出多门，国无纲纪，遂至亡灭，天元性凶而强，威福在己，亡国之事，皆在其身。

① 齐主：齐后主高纬。 ② 天元：后周宣帝宇文赟（yūn 氲），自称天元皇帝。 ③ 愞（nuò 糯）：怯懦。

以此论之，齐主为劣。"

【翻译】

贞观九年，唐太宗对魏徵说："近来我读北周、北齐的史书，发现末代亡国的君主，所干的坏事多数都相类似。齐主高纬非常爱好奢侈，所有的府库，几乎都被他用光，直到关隘市集，都没有不征收赋税的。我常说这好像嘴馋的人吃自己身上的肉一样，肉吃完了自己也就死了。君主不停息地征敛赋税，百姓既已疲弊，他们的君主也就灭亡，齐主就是这样的人。然而后周天元帝宇文赟与齐主相比较，谁优谁劣？"魏徵对答说："两个君主虽然同样亡国，他们的做法还有区别。齐主懦弱，朝廷政令不一，国家没有纲纪，以至灭亡。天元帝生性凶悍好强，作威作福独断专行，导致亡国的事情，都由他自己一手造成。从这方面来看，齐后主要更劣一些。"

征伐第三十五篇

《征伐》篇凡十三章，这里选译了有关战争理论的一章。第九卷包括《征伐》、《安边》两篇，内容主要是反映唐太宗比较开明的民族政策，唐朝是中国多民族国家形成的重要历史阶段，贞观时期是个良好的开端。本篇十三章反映了唐太宗在国势昌盛的贞观年间大力推行和亲政策，对消除民族隔阂，促使民族融合，加强民族间经济文化交流等，在历史上有进步作用。从贞观初年开始，唐太宗就注意吸取“自古以来穷兵极武，未有不亡者也”的教训，主张“不劳而定，胜于十万之师。”但到贞观后期，唐太宗也走上了不听劝谏、好大喜功、执意多次征讨高丽的道路。这里选译的是唐太宗在《帝范》一书中论述的用兵之道。

太宗《帝范》曰："夫兵甲者，国家凶器也。土地虽广，好战则民凋；中国虽安①，忘战则民殆②。凋非保全之术，殆非拟寇之方，不可以全除，不可以常用。故农隙讲武，习威仪也；三年治兵，辨等列也。是以勾践轼蛙③，卒成霸业；徐偃弃武④，终以丧邦。何也？越习其威，徐忘其备也。孔子曰：'以不教民战，是谓弃之⑤。'故知弧矢之威，以利天下⑥，此用兵之职也。"

【翻译】

唐太宗在《帝范》一书里说："武器铠甲是国中的凶器。土地虽然广大，喜欢打仗百姓就会凋疲；中国虽然

---

① 中国：这里的中国是指以汉族为主的唐朝直接统治地区。 ② 殆：通"怠"，懈怠。 ③ 勾践轼蛙：春秋时越王勾践被吴国打败，要复仇雪耻，路上有只发怒的青蛙，勾践在车上扶着轼站起来向它致敬，战士看到青蛙勇敢都受到敬礼，就更加激励勇气。轼，在这里就作敬礼讲。 ④ 徐偃弃武：传说西周时徐偃王只讲文德，不搞武备，结果周穆王派楚国把他打败，终于亡国。 ⑤ 以不教民战，是谓弃之：这句话见于《论语·子路》。 ⑥ 弧矢之威，以利天下：这句话见于《易·大传》。

平静，忘掉战备百姓就会懈怠。百姓凋疲不是保全国家的办法，百姓懈怠不是对付敌寇的办法，武装既不可以完全解除，又不可以经常使用。因此农闲讲习武艺，以熟习威仪；三年练兵，以辨别等级位列。所以越王勾践礼敬怒蛙，终于成其霸业；徐偃王废弃武备，终于丧失国家。这是为什么？就因为越习其威仪，徐忘其武备。孔子说：'用未经训练的百姓去打仗，实际是抛弃百姓让他们去送死。'因此知道了弓箭的威力，用它来利济天下，这才是用兵的人的职分。"

安边第三十六篇

《安边》篇凡二章，这里节译一章。唐太宗比较注意实行民族团结政策。贞观四年，平定突厥，使之归附中国，唐太宗召集群臣讨论如何安置，群臣纷呈“安边之策”，展开热烈争论，中书令温彦博主张安置在河南一带朔方之地，“全其部落，得为捍蔽，又不离其土俗，因而抚之，一则实空虚之地，二则示无猜之心，是含育之道也。”唐太宗同意这个方案。而魏徵则激烈反对，提出夷狄非我族类，其心必异的迂腐主张，认为：“遣居河南，所谓养兽自遗患也。”唐太宗此时并不盲从魏徵的意见。但到贞观后期，反又倒退到魏徵的观点上来了，悔恨“不纳魏徵言，几失久安之道。”

贞观四年，李靖击突厥颉利，败之，其部落多来归降者。诏议安边之策，中书令温彦博议：“请于河南处之①。准汉建武时，置降匈奴于五原塞下②，全其部落，得为捍蔽，又不离其土俗。因而抚之。一则空虚之地，二则示无猜之心，是含育之道也。”太宗从之。……自幽州至灵州置顺、祐、化、长四州都督府以处之③，其人居长安者近且万家。……

十三年，太宗幸九成宫，突利可汗弟中郎将阿史那结社率阴结所部④，并拥突利子贺罗鹘夜犯御营⑤，事败，皆捕斩之。太宗自是不直突厥，悔处其部众于中国，

---

① 河南：指内蒙古的河套地区，在黄河以南，所以叫河南。 ② 汉建武：东汉光武帝年号(25—56)。五原：郡名，治所在今内蒙古包头西北。 ③ 幽州：治所在今北京。灵州：治所在今宁夏灵武西、黄河西岸。顺、祐、化、长四州都督府：这都是羁縻州，即将归降突厥部落设置某州都督，由原有的可汗、酋长任都督，如顺州即由突利可汗任都督。 ④ 突利可汗：他是始毕可汗的儿子，颉利可汗的侄儿，为颉利所攻击，贞观三年到长安降唐。阿史那结社率：阿史那是突厥贵族的姓。结社率是此人的名。 ⑤ 贺罗鹘(gǔ 骨)：突利的儿子的名字。

还其旧部于河北[①]，建牙于故定襄城[②]，立李思摩为乙弥泥熟俟利苾可汗以主之[③]。因谓侍臣曰："中国百姓，实天下之根本，四夷之人，乃同枝叶，扰其根本以厚枝叶，而求久安，未之有也。……"

【翻译】

贞观四年，李靖打败突厥颉利可汗，颉利统属的部落有很多降服归附。唐太宗下诏讨论安定边境的政策。中书令温彦博建议："请在河南安置他们。仿照东汉建武年间把降附的匈奴安置在五原郡边塞附近的办法，保留原有部落编制，作为我们的屏障，同时又不远离他们的本土、改变他们的习俗，从而加以抚慰，这样一来可以充实空虚的边塞，二来可以体现出没有猜疑他们的想法，这才是包容养育他们的正当办法。"太宗同意了温彦博的建议。……从幽州到灵州之间设置了顺、祐、化、长四州都督府来安置降附的突厥部落，突厥人住在长安的这时将近有一万家，……

---

① 河北：黄河以北今内蒙古地区。 ② 建牙：牙本是大旗，北方少数民族的可汗设营帐叫建牙。定襄城：在今内蒙古北部。 ③ 李思摩：颉利可汗同族人，和颉利同时被俘，后忠于唐朝。乙弥泥熟俟利苾（bì 必）：和颉利、突利等一样都是可汗的称号。

贞观十三年，太宗亲临九成宫，突利可汗的弟弟中郎将阿史那结社率暗地里结集部众，并支持突利可汗的儿子贺罗鹘乘夜攻袭太宗的宿地，事情败露，都被捕获斩首。太宗从此不信任突厥，后悔把他们的部众安置在内地，便把他们遣送回黄河以北地区，叫在旧定襄城建牙镇守，立李思摩为乙弥泥熟俟利苾可汗来统率他们。并对侍从的大臣们说："中国百姓，实是天下的根本，周围的少数民族，就如同枝叶一样，损伤根本而想枝繁叶茂，求得长治久安，是决不可能的。……"

行幸第三十七篇

《行幸》篇凡四章，这里选译一章。最后第十卷共包括《行幸》、《畋猎》、《灾祥》、《慎终》四篇，主要是对于帝王奢侈行为的某些节制和自诫。出发点还是为了免蹈隋炀帝等亡国之君的覆辙，以求慎终。唐太宗一再与群臣讨论这些问题，一方面"深以自诫"，"不敢轻用人力，惟令百姓安静，不有怨叛而已"；另方面，又多次向大臣提出："君有违失，臣须极言。朕闻卿等规谏，纵不能当时即从，再三思审，必择善而用之。"这些应当肯定。然而即使像唐太宗这样的明君，也有不清醒、胡作非为的行为发生，如贞观十二年魏徵关于太宗入洛的进言便是指出的一例，唐太宗也不能不承认“非公,朕不闻此言。自今已后,庶几无如此事”。

贞观初,太宗谓侍臣曰:“隋炀帝广造宫室,以肆行幸,自西京至东都,离宫别馆,相望道次,乃至并州、涿郡①,无不悉然。驰道皆广数百步②,种树以饰其旁。人力不堪,相聚为贼③。逮至末年,尺土一人,非复己有。以此观之,广宫室,好行幸,竟有何益?此皆朕耳所闻、目所见,深以自诫。故不敢轻用人力,惟令百姓安静,不有怨叛而已。”

【翻译】

贞观初年,唐太宗对侍从的大臣们说:“隋炀帝大肆营建宫室,以便纵情游乐,从西京到东都,离宫别馆,沿路都是,以至并州、涿郡,也无不如此。驰道都有几百步宽,两边种上树作为装饰。百姓无力承担,相聚起来反抗。到隋朝末年,一尺土地一个百姓,都不再属于他所有。这样看来,多营宫室,喜爱游乐,到底有什么

---

① 并(bīng 兵)州:治所在今山西太原。涿郡:治所在今北京西南。 ② 驰道:专供皇帝行驶车马的大路。 ③ 贼:盗贼,这是唐太宗对劳动人民反抗的诬称。

好处？这都是我耳闻目见的事，应该深以为诫。因此我不敢随便动用人力，只让百姓安静，不要发生怨叛就行。”

畋猎第三十八篇

《畋猎》篇凡五章[①]，这里选译二章。到野外打猎，为唐太宗所一向喜爱。而唐太宗尚能听取大臣们谏诤，适当加以节制，确实是封建帝王中比较突出的。正如魏徵奏称："愿陛下割私情之娱，罢格兽之乐，上为宗庙社稷，下慰群僚兆庶"，"割情屈己，从臣下之言者，志存为国，不为身也。"篇中反映唐太宗对于虞世南、谷那律等"弗数游猎"的谏言还能"深嘉其言"、"大被嘉纳"。特别是贞观十四年，太宗将幸栎阳游畋，县丞刘仁轨以收获未毕，非人君顺动之时，诣行

① 畋(tián田)：打猎。

所，上表切谏，太宗遂罢猎。

谷那律为谏议大夫，尝从太宗出猎。在途遇雨，太宗问曰："油衣若为得不漏①？"对曰："能以瓦为之，必不漏矣②！"意欲太宗弗数游猎。大被嘉纳，赐帛五十段，加以金带。

【翻译】

谷那律任谏议大夫，曾跟随唐太宗出外打猎。途中遇上大雨，太宗问道："油衣怎么做才能不渗漏？"谷那律回答说："能够用瓦来做，一定不会渗漏。"意思是希望太宗不要经常游猎。太宗大为赞赏采纳，赐给他帛五十段，还加上一条金带。

贞观十四年冬十月，太宗将幸栎阳游畋③，县丞刘仁轨以收获未毕④，非人君顺动之时⑤，诣行所，上表切谏。

---

① 油衣：雨衣，用油涂过以防湿，但当时技术不精，常会渗漏，所以太宗这么问。 ② 能以瓦为之，必不漏矣：意思是如果不外出打猎，在屋子里，上面有瓦防雨，就不会渗漏。 ③ 栎（yuè 月）阳：在今陕西临潼北。 ④ 刘仁轨：唐初政治家、军事家，高宗、武则天时位居将相。 ⑤ 顺动：顺时而动，按照适宜的时候季节而有所举动。

太宗遂罢猎，擢拜仁轨新安令①。

【翻译】

贞观十四年冬十月，唐太宗准备去栎阳游猎。栎阳县丞刘仁轨以为农村收获还未完毕，不是君主打猎出游的时候，便前往太宗一行停驻的地方，上表恳切劝谏。太宗就此停止打猎，并把刘仁轨提升为新安县令。

① 新安：今河南新安。

灾祥第三十九篇

《灾祥》篇凡四章，这里节译一章，封建时代对于自然现象往往不能理解，于是有所谓天人感应的祥瑞与灾异。唐太宗对此头脑还比较清醒，声称："如朕本心，但使天下太平，家给人足，虽无祥瑞，亦可比德于尧、舜。若百姓不足，夷狄内侵，纵有芝草遍街衢，凤凰巢苑囿，亦何异于桀、纣？"魏徵等大臣亦认为："自古帝王未有无灾变者，但能修德，灾变自销。""朝无阙政，百姓安乐，虽有灾变，何损于德？"唐太宗听了虞世南所说"妖不胜德，修德可以销变"的话后，"因遣使者赈恤饥馁，申理冤讼，多所原宥"。这些认识和做法，还是比较实事求是，应当肯定的。

贞观十一年，大雨，谷水溢①，冲洛城门，入洛阳宫，平地五尺，毁宫寺十九所②，漂七百余家。太宗谓侍臣曰："朕之不德，皇天降灾。将由视听弗明，刑罚失度，遂使阴阳舛谬③，雨水乖常。矜物罪己，载怀忧惕，朕又何情，独甘滋味？可令尚食断肉料④，进蔬食。文武百官各上封事，极言得失。"……

【翻译】

贞观十一年，下大雨。谷水河泛滥，冲毁洛阳城门，淹进洛阳宫，平地水深五尺，毁坏官寺十九处，漂没民房七百多家。唐太宗对侍从的大臣们说："我没有德行，所以皇天才降灾。大概由于我视听不明，刑罚失当，以致阴阳错乱，雨水反常。正该抚恤百姓、归罪自身，忧惧警惕。我又有什么心情来独自安享珍馐美味？应令尚食停供肉食之类，只进蔬菜素食。文武百官都上书奏事，畅言政事得失。"……

---

① 谷水：古代水名，由渑池经洛阳入洛水。 ② 寺：寺是政府机关的名称之一，佛教传入中国后称活动之所为寺是借用。 ③ 阴阳舛谬：古人迷信，认为阴阳舛谬就会闹水旱灾。④ 尚食：官名，主管皇帝的饮食，唐设有尚食局。

慎终第四十篇

《慎终》篇凡七章，这里选译四章。这是全书最后一篇，是贞观君臣论政中强调要善始善终的意思。贞观五年，唐太宗常提醒自己要“安不忘危，治不忘乱，虽知今日无事，亦须思其终始。”但越到后来，骄傲自满、忘乎所以的情绪就越增长。如贞观九年时，他自我吹嘘“武胜于古”，“文过于古”，“怀远胜古”，“既有此功业，何得不善始慎终耶？”针对这种状况，魏徵在贞观十三年，上了一篇著名的《十渐不克终疏》，尖锐地指出“顷年已来，稍乖曩志，敦朴之理，渐不克终”。要唐太宗牢记“非知之难，行之惟难；非行之难，终之斯难”。

贞观五年，太宗谓侍臣曰："自古帝王亦不能常化，假令内安，必有外扰。当今远夷率服，百谷丰稔，盗贼不作，内外宁静。此非朕一人之力，实由公等共相匡辅。然安不忘危，治不忘乱，虽知今日无事，亦须思其终始。常得如此，始是可贵也。"魏徵对曰："自古已来，元首、股肱不能备具[①]，或时君称圣，臣即不贤；或遇贤臣，即无圣主。今陛下明，所以致治，向若直有贤臣，而君不思化，亦无所益。天下今虽太平，臣等犹未以为喜，惟愿陛下居安思危，孜孜不怠耳！"

【翻译】

贞观五年，唐太宗对周围侍臣们说："从古以来的帝王也不能长期教化天下，假若内部安定，必定还有外乱骚扰。如今远方外族归顺我朝，五谷丰登，盗贼不起，内外宁静。这不单凭我个人的能力，实在是靠你们共同辅佐。然而居安不能忘危，治平不能忘乱，虽然明知今天无事，也得考虑如何有始有终。要经常这样，才是可贵。"魏徵对答说："从古以来，君主和大臣不能两全其美，有时君主圣明，而臣下不贤；有时遇上贤臣，却没有圣明的君主。如今陛下圣明，所以达到治平，假如当时

① 元首、股肱：元首指君，股肱指臣。

只有贤臣，而君主不想教化，也没有益处。天下如今虽然太平，臣等还不能为此高兴，惟愿陛下能居安思危，孜孜不倦！”

贞观六年，太宗谓侍臣曰：“自古人君为善者，多不能坚守其事。汉高祖，泗上一亭长耳①，初能拯危诛暴，以成帝业，然更延十数年，纵逸之败，亦不可保。何以知之？孝惠为嫡嗣之重②，温恭仁孝，而高帝惑于爱姬之子，欲行废立③，萧何、韩信，功业既高，萧既妄系④，韩亦滥黜⑤，自余功臣黥布之辈⑥，惧而不安，至于反逆。君臣父子之间悖谬若此，岂非难保之明验也？朕所以不敢恃天下之安，每思危亡以自戒惧，用保其终。”

---

① 泗上一亭长：泗上，即泗水亭，刘邦原先做过泗水亭亭长，亭是秦时农村基层组织。 ② 孝惠：汉高祖太子刘盈后即位为皇帝，死后谥孝惠。 ③ 高帝……欲行废立：汉高祖喜爱宠姬戚夫人所生的赵王刘如意，想立为太子而废掉吕后所生的刘盈，结果没有成功。 ④ 萧既妄系：萧何任丞相，曾因请求让百姓耕种上林苑的空地，被高祖下狱，几天后才释放。⑤ 韩亦滥黜：韩信有大功先封齐王，后改封楚王，有人控告他谋反，被高祖黜为淮阴侯，以后又被吕后诱杀。 ⑥ 黥布：本姓英名布，因受过黥刑叫黥布，为汉高祖夺天下立有大功，封淮南王，韩信等被杀后，黥布恐惧不安而谋反，为高祖平定，被杀。

【翻译】

贞观六年，唐太宗对侍从的大臣们说："从古以来君主想做好事的，往往不能坚持到底。汉高祖，本是泗水亭的一个亭长罢了，起初他能够救危难诛暴秦，成就了帝王大业，但如果在位时间再延长十几年，因放纵逸乐而陷于衰败，也不能保住他当初的功业。根据什么得知这样的结局呢？孝惠帝本以嫡长子居太子重位，温恭仁孝，而高祖迷惑于爱姬之子，想另行废立；萧何、韩信，功业已高，而萧何曾被无端械系下狱，韩信也被滥施贬黜最后被杀，其余功臣像黥布等人恐惧不安，终于谋反叛逆。君臣父子之间悖逆荒谬到这种地步，岂不是难于保全功业的明证吗？我所以不敢自恃天下安定，而经常思虑危亡来警诫自己，用它来保持到底。"

贞观十四年，太宗谓侍臣曰："平定天下，朕虽有其事，守之失图，功业亦复难保。秦始皇初亦平六国，据有四海，及末年不能善守，实为可诫。公等宜念公忘私，则荣名高位，可以克终其美。"魏徵对曰："臣闻之，战胜易，守胜难。陛下深思远虑，安不忘危，功业既彰，德教复洽，恒以此为政，宗社无由倾败矣。"

【翻译】

贞观十四年，唐太宗对周围侍臣们说："平定天下，我虽已做到，如果守天下不得法，功业也难以保住。秦始皇起初也曾平定六国，据有四海，到他晚年却不能很好地守住，真可作为鉴诫。你们应该念公忘私，那么已经取得的荣名高位，就能最终保持。"魏徵对答说："臣听说：战胜容易，保持胜利困难。陛下深思远虑，安不忘危，功业既已显赫，德行教化又深入人心，永远用这种态度来治理天下，国家就无从倾覆了。"

贞观十六年，太宗问魏徵曰："观近古帝王，有传位十代者，有一代两代者，亦有身得身失者。朕所以常怀忧惧，或恐抚养生民，不得其所，或恐心生骄逸，喜怒过度。然不自知，卿可为朕言之，当以为楷则。"徵对曰："嗜欲喜怒之情，贤愚皆同，贤者能节之，不使过度，愚者纵之，多至失所。陛下圣德玄远，居安思危，伏愿陛下常能自制，以保克终之美，则万代永赖。"

【翻译】

贞观十六年，唐太宗问魏徵说："看近古的帝王，有传位十代的，有一代两代的，也有自己取得天下又自己丢失的。我所以常感到忧虑恐惧，或是怕抚养百姓未能做到各得其所，或是怕自己心生骄逸，喜怒过度。然而自己不能觉察到，您可以给我讲讲，我当作为准则。”魏徵对答说：“嗜欲喜怒的情感，无论贤者、愚者都是一样的，只是贤者能够有所节制，不让过度，愚者却恣意放纵，以致弄到不可收拾。陛下圣德高远，居安思危，衷心希望陛下能经常节制，来保持完美的结局，那么万代以下将永远得到好处。”

《古代文史名著选译丛书》编纂始末①

马樟根　安平秋

今年1月,《古代文史名著选译丛书》已经出到100种101册(其中《史记》为2册)。4月份,最后的33种也已交稿。这样,全书133种即将呈献在读者面前。② 一项服务当前、造福子孙的普及优秀古代文化、进行爱国教育的大工程将宣告完工了。回想

---

①《古代文史名著选译丛书》由全国高校古籍整理研究工作委员会主持,古委会直接联系的18个古籍整理研究所为主要承担机构,章培恒、安平秋、马樟根任主编。本文于1992年4月,在《中国典籍与文化》杂志发表时题目是《衣带渐宽终不悔——〈古代文史名著选译丛书〉编纂始末》。这次将此文作为2011年修订版附录时,去掉原正标题,以原副标题为正式题目。 ② 至1994年4月最后定稿时,全书为135部。2011年修订版出版时,全书为134部。

这一套丛书动员18所院校，投入100余人，从1985年筹划，1986年起步，到今天已度过了六七年的岁月，个中甘辛令人难以忘怀。

一、北大·苏州·北大

——酝酿与筹划

编纂这样一套丛书，起因于1981年7月。当时陈云同志派人到北京大学召开了小型座谈会。来人告诉与会人员陈云同志最近在考虑两个问题：一个是粮食，一个是古籍整理。对古籍整理，特别讲到陈云同志说："整理古籍，为了让更多的人看得懂，仅作标点、注释、校勘、训诂还不够，要有今译，争取做到能读报纸的人多数都能看懂。有了今译，年轻人看得懂，觉得有意思，才会有兴趣去阅读。今译要经过选择，要列出一个精选的古籍今译的目录，不要贪多。"这就是后来收入《陈云文选》的那段话。1981年9月，中共中央关于整理我国古籍的文件中一字不差地强调了这段话。1983年，教育部成立了全国高校古籍整理研究工作委员会（简称古委会）。古委会主任周林同志根据中央和陈云同志意见，提出了组织力量今译古籍。但在当时，经过"文革”后的古籍整理工作百废待兴，加之一些学者对今译重要性的认识远非今日之深，这一工作一拖便是两年。

1985年5月，全国高校古委会在苏州召开了一届二次会议。周林同志在会上作了“人才培养和古代文化遗产普及问题”的专题发言，他分析了“解放三十多年来，由于‘左’的路线干扰，特别是‘文化大革命’，几乎使我们的民族文化到了中断的边缘，出现了对古代文化知之不多，或知之甚少的状况”，要教育界的同志“做好普及古代文化知识的工作”，搞好古籍的今注今译就是其中的一项重要任务，“高校古委会要在这方面多下功夫”，“高校古籍研究所无疑应担负起这个任务”。他针对当时一些人轻视古籍的今注今译思想，呼吁“我们对于选本、今译等有利于教育普及的东西，应承认它的学术价值”，“《昭明文选》、《唐诗三百首》、《古文观止》等是地道的选本，流传几百年，发生那么大的影响，能说没有水平？”“专家们深入浅出的在对古文献研究基础上的译注，对普及古代优秀文化作出重大贡献，算不算高水平的成果呢？”“古文既要译得恰当、准确，又要通畅易懂，难度是很大的”，“为了社会主义精神文明建设，古籍整理这方面也要作出应有的贡献”。一石激浪，沉寂了几年的今译古籍的话题又重新活跃起来。会上作了一番认真讨论。

经过这样的酝酿，1985 年 7 月，全国高校古委会科研项目评审组的专家们聚集在北京大学勺园，筹划编纂一套古籍今译的精选本。初步定名为《古籍今译丛书》，议定了收书范围、内容，开列了 65 种书的选目。并决定由科研项目专家评审组召集人、复旦大学古籍所所长章培恒教授和参加过陈云同志在北大召开座谈会、当时古委会主管科研工作的副秘书长安平秋同志共同负责，与秘书处同志一起具体筹划。经几个月的筹备，决定由古委会直接联系的 18 个高校古籍研究所承担这一工作，组成编委会，并开列出 89 种书的选目，对选译的进度、规划亦作了设计。此时，几家出版社闻讯而至，表示愿意出版这套丛书。最早与我们联系的巴蜀书社的段文桂社长以其强烈的事业心和对古籍今译的高度重视感动了我们，于是决定邀请巴蜀书社编辑参加第一次编委会议。

二、从柳浪闻莺到桂子山上

——第一批书稿的产生

第一次编委会于 1986 年 5 月在杭州柳莺宾馆

召开。宾馆因位于西湖十景之一的柳浪闻莺而得名。全国高校18个研究所的24名学者和有关人员聚集在这风景胜地，无心观柳，亦无从闻莺，紧张地工作了三天。会上确定了这套普及读物的读者对象是具有中等以上文化程度的广大群众，收书范围是中国历代文史名著，在名著之中选精。所选书目，在原拟89种基础上，调整为116种，以形成系统性。书中选篇之下分提示、原文、今译、注释四部分，以译文为主，书前有一前言，书中加入必要的插图。每一种书约10—15万字。书名确定为《古代文史名著选译丛书》。即由到会的24位学者组成丛书编委会①，由章培恒、马樟根、安平秋三人任主编。于是，编委会立即分成三个工作小组，在会上分头拟出丛书《凡例》、《编写、审稿要求》和《文稿书写格式》，经讨论修改而形成了正式文字以供遵循。在

① 编委会成员按姓氏笔划排列为：

马樟根　平慧善　安平秋　刘烈茂　许嘉璐　李国祥
金开诚　周勋初　宗福邦　段文桂　董治安　倪其心
黄永年　章培恒　曾枣庄(以上为常务编委)
王达津　吕绍纲　刘仁清　刘乾先　李运益　杨金鼎
曹亦冰　常绍温　裴汝诚(以上为编委)

自报的前提下，会上确定了由18个研究所承担前40部书的今译任务，要求当年年底完成。古委会主任、丛书顾问周林同志对编委会的认真精神、紧张工作和显著效率十分赞赏，他说："有这样一个编委会，有这样一个阵容来做选译，使中国历史文化不成为专属于少数人的知识，使能看报纸的人都读懂自己民族的名著，从而树立爱国主义、建设有民族特色的精神文明，其意义之深远将会在今后愈益显露出来。"于是，有1000余万字的大工程便从这里开始了。

当年年底各研究所的今译书稿经作者完成后，由在该所的编委审改，到1987年5月和7月，先后在复旦大学、北京大学两次召开编委审稿会。这种审稿会，说是审稿，实际上是边审边改，字斟句酌，每部书稿必须经一位编委、一位常务编委审改把关，经过这样两道工序，汇总到主编手中，40部书稿通过了25部。其中部分书稿赶印了样稿征求意见。于是周林同志于7月6日在北大临湖轩邀请了在京十几位专家与正在审稿的编委一起研究样稿，探讨如何提高这套今译丛书的质量。

根据编委审稿发现的问题和在京专家们的意

见，从书亟需在已定体例的框架中条列细则；而出版单位巴蜀书社又希望所出版的第一批书为50种以便形成格局，需要布置各研究所承担新的今译任务。这样，1987年10月在华中师范大学再次召开了编委会，又请了詹锳、周振甫、刘乃和、郭预衡等先生到会指导。

这次编委会是在审看了40部书稿后，发现了一大批问题亟待解决，又是在需要布置下一步任务的状况下召开的，是一次承上启下的编委会。会议初期人们的心情和会上的气氛都带有一股子严峻与急切。会议从5日到8日开了三天半。但是在4日晚上开预备会的时候，主编章培恒先生尚未到会，亦无他是否已从上海出发的信息。5日上午就要开会了，主编不到怎么行呢？5日一早，我们还在沉睡之中，忽听有人敲门，进来的竟是章培恒！一向风神儒雅、衣装考究的章培恒先生，此时却是一身尘灰、满脸疲惫地站在我们面前。原来他从上海出发前，未能买到机票或船票，而上海到武汉又没有直达火车，只好先从上海坐火车到长沙，为了不误5日上午开会，他只好买了一张无座票，夜间从长沙出发一直站到武昌。一向走路辨不清方向的章培恒竟然在夜色未退之前一人从车站摸到了华中师大专家楼，也算是奇迹。

这次编委会，从体例的具体要求、书中选篇是否合适、每篇中的提示如何写、注释的繁简和语言的通俗性，到今译的信达雅如何把握，例如李白的“床前明月光，疑是地上霜，举头望明月，低头思故乡”这样通俗的诗是否要翻译，在在都有热烈的争论。感谢编委们的努力和学术判断力，最后终于形成了一个《细则》，一切争论都统一在这个《细则》之上。编委们在思想明确、分得新的任务之后，显出了少有的轻松与喜悦。会议结束正逢中秋节，华中师大的专家楼坐落在武昌桂子山上。入夜，桂子山上举行了赏月茶会，几张方桌，围坐着全体编委和特邀到会专家。天上明月如盘，清辉洒地，眼前桂树葱茏，桂花飘香，华中师大古籍研究所的青年们活跃席间，引得王达津先生即席赋诗，刘乃和先生清唱京戏。这气氛预示着《古代文史名著选译丛书》克服了当前的困难，第一批50种书稿有如母腹中的胎儿，快要降生了。

三、华清池畔的愁云与人民大会堂的欢欣

——第一批书出版的柳暗花明

1988年10月，编委们再一次聚会，审定第一批

50种中的最后十几部书稿、修改第二批50种中的大量书稿。这次审稿是在“东枕华山、西拒咸阳”的骊山脚下、华清池滨的一家招待所。这里古朴而不豪华，食宿低廉却又实惠，审稿之余，左近有风景可观，有古迹可寻，房内有43℃的温汤沐浴，编委们平日在校教学、科研工作劳累而生活清苦，如今有这样的环境与条件，感到少有的惬意。我们作为主编觉得这也是对编委们两年来辛勤编书的一点补偿。但这种适意之感很快就被两件事所驱散。一件事是书稿的质量。几十部书稿交来，一经审看，从注译到体例完全合格的只有寥寥可数的三四部，余下的，或需小改，或需大改，或根本不合格需退回重作。另一件事是出版发行成了问题。到会的巴蜀书社副社长黄葵同志向大家通报了即将印出的16本书征订情况，最多的为2000册，且只有一种，其他的只有800册、600册，甚至还有200余册。征订不佳，销路不畅，出书要赔钱，出版社为难，编委们又无计可施。此时哪还有心思去观赏“骊山云树郁苍苍，历尽周秦与汉唐”？也无心绪登上骊山，在烽火台前怀古。且正值“楼台八月凉”的节令，只有华清池畔秋雨飘零，秋风瑟瑟，落叶满地，不禁愁从中来。

愁则愁，还得面对现实。书稿质量不高，靠到会近20位编委十余天的逐字逐句修改，终于改定合格17部。至于出版发行问题，巴蜀书社的朋友费心经营，重新设计了封面，改进装帧，将第一批50种装成一个大礼品盒，成盒出售。从中又得到了国家新闻出版署、四川省出版局、国家教委有关司局和各省市教委的大力支持与帮助，发行面得以扩大，到了1990年下半年，首印的17000套书销售已尽，而问讯、索购者不绝，出版社决定再印30000套以供读者需要。中央领导了解到这套丛书受到读者欢迎，欣然为丛书题辞，江泽民总书记的题辞是“做好我国古代文史名著的传播普及工作，使其古为今用，以发扬爱国主义精神”，李鹏总理的题辞是“弘扬民族优秀文化，激励爱国主义精神”。李瑞环同志也为丛书题了辞。

1990年8月22日在北京人民大会堂召开了《古代文史名著选译丛书》出版座谈会。国家领导人李铁映、胡乔木、李德生、陈丕显、廖汉生、王汉斌、王光英出席，古委会主任周林同志主持会议，到会各阶层代表在发言中从不同角度肯定了这套书对促进青少年了解历史、了解国情、了解中华民族优秀传统文化、进行爱国主义教育的作用。时值盛夏，却逢喜雨，洗却了编委和出版社同志心中的忧虑，参加大会堂座谈会的13名常务编委会后又聚集在北京大学讨论深入认识编纂这套丛书的重大意义，研究审改好第二批书稿的具体措施。

四、从舜耕山庄耕作到乐山脚下

——第二批书稿审定之艰辛

第二批书稿50种50册，是1987年10月布置的。1988年10月在西安审改合格的17部书稿都已放入第一批中以替换原已通过的第一批中质量较差的书稿。这样，第二批书稿当时余下的已完成的有20余部，却都不合格，只能要求译注者和编委再行修改。一年之后，编委会汇总来重新改好和新译注交来的第二批书稿44部，1989年10月于济南千佛山下的舜耕山庄召开了常务编委审稿会。

这次审稿，发现的问题较多。有的选目不当，如有的史书重要人物的传不选却选入无关紧要而又无学习价值的人物传，有的名家的文章名篇不选却选入既无文学价值又无借鉴意义的篇章。有的选译所依据的底本不当，舍弃现有的精校本却用校勘不善的本子。有的虽有根据地改动正文却只在注释中说“原作……据别本改”，而不指明据何本改。有的注释过繁，不利于一般读者阅读；有的注释极简，该注释的地方不注，使广大读者看了译文仍无法理解全文的精妙；而更多的是注释不准确，对一字一词增字为训而歪曲了原意的毛病也较普遍。译文问题更多，有的语义不清，佶屈聱牙，把“三顾频烦天下计，两朝开济老臣心”译为“三顾茅庐频烦为天下大计，两朝事业开济尽老臣忠心”，有的为追求通俗生动把“君何往”中的“君”译为“老兄”。每篇的提示，有的写得很长变成了文章赏析，有的虽短却不中肯綮，用了类似“文革”期间的语言扣几顶大帽子了事。看这样的稿子都觉头痛，改这样的稿子更感艰难。审稿历时 12 天，参加审稿、当时 63 岁的黄永年先生向我们诉苦：“头发掉了一把！”有的编委说，千佛山古称历山，传说舜在这里开垦耕耘，十分艰辛，我们住在舜耕山庄，预示着我们为这套丛书垦荒笔耕，也要历尽千辛。这次审稿，经过审改之后，有 10 部书稿合格，有 11 部需会后再作小的修改方能通过，余下的均需作大的改动或另请人译注。

这次审稿还研究了所选戏曲部分的曲辞如何今译问题，如规定了念白中出现的诗句只注不译，上、下场诗只注不译，注而不译的文字在译文中应予保留以便参读。

到1990年12月，丛书常务编委在广州研究丛书如何体现批判继承精神、如何提高第二批书稿质量时，又有18部书稿完成交来。为了保证书稿质量，使1991年上半年召开的常务编委审稿会得以顺利进行，我们三个主编从广州匆匆赶到北京，用了一周时间审看了这18部书稿，通过了7部，11部退改。当我们看完最后一部书稿碰头研究时，已是12月31日。在1990年一年内，我们仅仅通过了这7部书稿。加上1989年在舜耕山庄通过的10部，也仅有17部，尚差33部方足第二批的50部。

1991年5月，常务编委来到古称嘉州的乐山市，在乐山山腰的八仙洞宾馆继续审改第二批书稿。改稿时间只有十天，要力争将50部推出，其繁重可知。我们在改稿过程中，不禁想到明万历年间嘉州知州袁子让的诗句“登临始觉浮生苦”，想到这套丛书从起步到这次审改已历时5年，当初怎么也没有想到完成这套丛书会是如此的艰辛，真是登临始觉笔耕苦啊！

这次乐山审稿，通过了13部书稿。好在余下的20部书稿只须小改即可在会后交稿，终于在1991年8月将这20部书稿全部改定交巴蜀书社。第二批50部历时近四年终于定稿了。

五、在金陵古都作光辉的一结

——第三批书稿的完成

1990年12月据出版社的要求，这套丛书出齐当为150种，到乐山会上又修正为110种至125种，最后数字的确定根据最后一次审稿结果而定，合格的即入选，不合格的不再修改选入。根据这一共识，今年4月中旬，我们一部分常务编委聚集到六朝古都南京，从已经交来的35部书稿中选择经小改合格的书稿。经过十一天的劳作，选择、改定33部，由到会的常务编委、巴蜀书社的段文桂总编和编委、巴蜀书社的刘仁清副编审带回成都，将经由他们的继续辛苦而使《古代文史名著选译丛书》以133部、1500万字之数呈献给热爱中华文化的读者。

这套丛书从1986年5月起步，历时整整六年，平日繁细工作不计，仅编委大小审稿会就开了12次之多。丛书的发起人、顾问、古委会主任周林同志先后参加了8次审稿会，每次都自始至终和大家在一起，听取审稿情况，了解遇到的问题；当我们遇到困难的时候他为我们鼓劲，当我们感到欣喜的时候他提醒我们不可大意。这次他又和我们一起来到虎踞龙蟠的石头城下，为我们督阵，看我们能否为这套丛书作出光辉的一结。

此时此刻，我们与这次会议的东道主、丛书常务编委、南京大学的周勋初先生漫步在中山陵旁，想到今译丛书已基本完成，自然感到如释重负，但理智却使我们不敢轻松，我们期待着全书133部出齐之后专家、读者的评头品足。

1992年4月26日

(原载《中国典籍与文化)1992年第1期)

古代文史名著选译丛书(修订版)总目

丛书主编:章培恒　安平秋　马樟根

书　名	译注者	审阅者	定价/元
老子注译	张玉春　金国泰	安平秋	16.00
庄子选译	马美信	章培恒	18.00
荀子选译	雪　克　王云路	董治安　许嘉璐	19.00
申鉴中论选译	张　涛　傅根清	董治安	18.00
颜氏家训选译	黄永年	许嘉璐	15.00
论语注译	孙钦善	宗福邦	28.00
孟子选译	刘聿鑫　刘晓东	黄　葵	20.00
墨子选译	刘继华	董治安	14.00
韩非子选译	刘乾先　张在义	黄　葵	19.00
新序说苑选译	曹亦冰	倪其心	25.00
论衡选译	黄中业　陈恩林	许嘉璐	22.00
管子选译	缪文远　缪　伟	董治安	18.00
列子选译	王丽萍	周勋初　倪其心	19.00
韩诗外传选译	杜泽逊　庄大钧	董治安	24.00
盐铁论选译	孙香兰　刘光胜	黄永年	13.00
诗经选译	程俊英　蒋见元	刘仁清	19.00
楚辞选译	徐建华　金舒年	金开诚	15.00
贾谊文选译	徐　超　王洲明	安平秋	17.00
司马相如文选译	费振刚　仇仲谦	安平秋	11.00
文心雕龙选译	周振甫	黄永年	17.00
庾信诗文选译	许逸民	安平秋	18.00

书　名	译注者	审阅者	定价/元
嵇康诗文选译	武秀成	倪其心	18.00
谢灵运鲍照诗选译	刘心明	周勋初	18.00
陈子昂诗文选译	王　岚	周勋初　倪其心	14.00
李白诗选译	詹　锳　等	章培恒	22.00
高适岑参诗选译	谢楚发	黄永年	23.00
元稹白居易诗选译	吴大逵　马秀娟	宗福邦	21.00
柳宗元诗文选译	王松龄　杨立扬	周勋初	18.00
李贺诗选译	冯浩菲　徐传武	刘仁清	20.00
杜牧诗文选译	吴　鸥	黄永年	14.00
李商隐诗选译	陈永正	倪其心	19.00
唐五代词选译	亦　冬	董治安	16.00
唐文粹选译	张宏生	周勋初	18.00
晚唐小品文选译	顾歆艺	平慧善	15.00
黄庭坚诗文选译	朱安群　等	倪其心	18.00
辛弃疾词选译	杨　忠	刘烈茂	24.00
元好问诗选译	郑力民	宗福邦	20.00
宋四家词选译	王晓波	倪其心	16.00
黄宗羲诗文选译	平慧善　卢敦基	马樟根	15.00
吴伟业诗选译	黄永年　马雪芹	安平秋	20.00
方苞姚鼐文选译	杨荣祥	安平秋	20.00
明代散文选译	田南池	马樟根	22.00
顾炎武诗文选译	李永祜　郭成韬	刘烈茂	23.00
张衡诗文选译	张在义　张玉春　韩格平	刘仁清	16.00
汉诗选译	张永鑫　刘桂秋	金开诚	19.00

书　名	译注者	审阅者	定价/元
阮籍诗文选译	倪其心	刘仁清	15.00
三曹诗选译	殷义祥	刘仁清	22.00
诸葛亮文选译	袁钟仁	董治安	16.00
陶渊明诗文选译	谢先俊　王勋敏	平慧善	16.00
杜甫诗选译	倪其心　吴　鸥	黄永年	17.00
王维诗选译	邓安生　等	倪其心	20.00
刘禹锡诗文选译	梁守中	倪其心	20.00
孟浩然诗选译	邓安生　孙佩君	马樟根	18.00
韩愈诗文选译	黄永年	李国祥	20.00
欧阳修诗文选译	林冠群　周济夫	曾枣庄	20.00
曾巩诗文选译	祝尚书	曾枣庄	19.00
苏轼诗文选译	曾枣庄　曾　弢	章培恒	23.00
李清照诗文词选译	平慧善	马樟根	15.00
陆游诗词选译	张永鑫　刘桂秋	黄　葵	24.00
朱熹诗文选译	黄　珅	曾枣庄	20.00
文天祥诗文选译	邓碧清	曾枣庄	20.00
袁枚诗文选译	李灵年　李泽平	倪其心	20.00
王安石诗文选译	马秀娟	刘烈茂　宗福邦	18.00
二程文选译	郭　齐	曾枣庄	25.00
范成大杨万里诗词选译	朱德才　杨　燕	董治安	26.00
萨都剌诗词选译	龙德寿	曾枣庄	28.00
王阳明诗文选译	吴　格	章培恒	18.00
徐渭诗文选译	傅　杰	许嘉璐　刘仁清	17.00
李贽文选译	陈蔚松　顾志华	李国祥　曾枣庄	17.00

书　名	译注者		审阅者	定价/元
三袁诗文选译	任巧珍		董治安	17.00
王士禛诗选译	王小舒	陈广澧	黄永年	13.00
龚自珍诗文选译	朱邦蔚	关道雄	周勋初	13.00
尚书选译	李国祥	刘韶军	宗福邦	14.00
	谢贵安	庞子朝		
礼记选译	朱正义	林开甲	宗福邦	22.00
左传选译	陈世铙		董治安	22.00
国语选译	高振铎	刘乾先	黄　葵	22.00
战国策选译	任　重	霍旭东	李国祥	21.00
吕氏春秋选译	刘文忠		董治安	17.00
吴越春秋选译	郁　默		倪其心	19.00
史记选译	李国祥	李长弓	安平秋	29.00
	张三夕			
汉书选译	张世俊	任巧珍	李国祥	22.00
后汉书选译	李国祥	杨　昶	许嘉璐	24.00
	彭益林			
三国志选译	刘　琳		黄　葵	18.00
晋书选译	杜宝元		许嘉璐	15.00
宋书选译	漆泽邦	孔　毅	李国祥	19.00
南齐书选译	徐克谦		周勋初	18.00
北齐书选译	黄永年		安平秋	16.00
梁书选译	于　白		周勋初	17.00
陈书选译	赵　益		周勋初	17.00
南史选译	漆泽邦		安平秋	22.00
北史选译	刁忠民		段文桂	20.00

书　名	译注者	审阅者	定价/元
周书选译	黄永年	安平秋	15.00
魏书选译	杨世文　郑　晔	周勋初	22.00
隋书选译	武秀成　赵　益	周勋初	20.00
新唐书选译	雷巧玲　李成甲	黄永年	16.00
旧唐书选译	黄永年	章培恒	16.00
新五代史选译	李国祥　王玉德　姚伟钧	周勋初	18.00
旧五代史选译	贾二强	黄永年	17.00
宋史选译	淮　沛　汤　墨	曾枣庄	20.00
辽史选译	郭　齐　吴洪泽	曾枣庄	21.00
金史选译	杨世文　祝尚书　李文泽　王晓波	曾枣庄	21.00
元史选译	樊善国　徐　梓	马樟根	25.00
明史选译	杨　昶	李国祥	20.00
清史稿选译	黄　毅	章培恒	22.00
贞观政要选译	裴汝诚　王义耀	黄永年	18.00
史通选译	侯昌吉　钱安琪	周勋初	16.00
资治通鉴选译	李　庆	黄永年	16.00
续资治通鉴选译	徐光烈	安平秋	24.00
通鉴纪事本末选译	谈蓓芳	章培恒	21.00
洛阳伽蓝记选译	韩结根	章培恒	22.00
梦溪笔谈选译	李文泽	曾枣庄	20.00
徐霞客游记选译	周晓薇　等	黄永年　马樟根	17.00
宋代笔记小说选译	朱瑞熙　程君健	金开诚等	19.00
关汉卿杂剧选译	黄仕忠	刘烈茂	24.00

书　名	译注者	审阅者	定价/元
明代文言短篇小说选译	黄　敏	章培恒	23.00
六朝志怪小说选译	肖海波　罗少卿	刘仁清	21.00
世说新语选译	柳士镇　钱南秀	周勋初	23.00
水经注选译	赵望秦　段塔丽　张艳云	许嘉璐	19.00
唐人传奇选译	周　晨	曾枣庄	24.00
唐五代笔记小说选译	严　杰	周勋初	21.00
大慈恩寺三藏法师传选译	贾二强	黄永年	18.00
宋代传奇选译	姚　松	周勋初	22.00
聊斋志异选译	刘烈茂　欧阳世昌	章培恒	22.00
阅微草堂笔记选译	黄国声	安平秋	16.00
清代文言小说选译	王火青	周勋初	23.00
历代名画记图画见闻志选译	周晓薇　赵望秦	黄永年	17.00
容斋随笔选译	罗积勇	宗福邦	20.00
唐才子传选译	张　萍　陆三强	黄永年	24.00
西厢记选译	王立言	董治安	20.00
元代散曲选译	彭久安	刘烈茂　金开诚	21.00
日知录选译	张艳云　段塔丽	黄永年	22.00
桃花扇选译	张文澍	章培恒　段文桂	15.00
牡丹亭选译	卓连营	章培恒	14.00
长生殿选译	戚海燕	董治安	20.00